Enquete-Kommission
„Schutz des Menschen und der Umwelt"
des 13. Deutschen Bundestages

Konzept Nachhaltigkeit
Studienprogramm

Springer
*Berlin
Heidelberg
New York
Barcelona
Budapest
Hongkong
London
Mailand
Paris
Santa Clara
Singapur
Tokio*

Martin Jänicke
Alexander Carius
Helge Jörgens

Nationale Umweltpläne
in ausgewählten Industrieländern

Unter Mitarbeit von Claudia Koll

Mit 4 Abbildungen und 10 Tabellen

 Springer

Herausgeber:

Enquete-Kommission
„Schutz des Menschen und der Umwelt"
des 13. Deutschen Bundestages
Bundeshaus
D-53113 Bonn

ISBN 3-540-63644-7 Springer-Verlag Berlin Heidelberg New York

Die Deutsche Bibliothek – CIP-Einheitsaufnahme
Jänicke, Martin: Nationale Umweltpläne in ausgewählten Industrieländern / Martin Jänicke; Alexander Carius; Helge Jörgens. Unter Mitarb. von C. Koll. – Berlin; Heidelberg; New York; Barcelona; Budapest; Hongkong; London; Mailand; Paris; Santa Clara; Singapur; Tokio: Springer, 1997
ISBN 3-540-63644-7

Dieses Werk ist urheberrechtlich geschützt. Die dadurch begründeten Rechte, insbesondere die der Übersetzung, des Nachdrucks, des Vortrags, der Entnahme von Abbildungen und Tabellen, der Funksendung, der Mikroverfilmung oder der Vervielfältigung auf anderen Wegen und der Speicherung in Datenverarbeitungsanlagen, bleiben, auch bei nur auszugsweiser Verwertung, vorbehalten. Eine Vervielfältigung dieses Werkes oder von Teilen dieses Werkes ist auch im Einzelfall nur in den Grenzen der gesetzlichen Bestimmungen des Urheberrechtsgesetzes der Bundesrepublik Deutschland vom 9. September 1965 in der jeweils geltenden Fassung zulässig. Sie ist grundsätzlich vergütungspflichtig. Zuwiderhandlungen unterliegen den Strafbestimmungen des Urheberrechtsgesetzes.

© Springer-Verlag Berlin Heidelberg 1997
Printed in Germany

Die Wiedergabe von Gebrauchsnamen, Handelsnamen, Warenbezeichnungen usw. in diesem Werk berechtigt auch ohne besondere Kennzeichnung nicht zu der Annahme, daß solche Namen im Sinne der Warenzeichen- und Markenschutz-Gesetzgebung als frei zu betrachten wären und daher von jedermann benutzt werden dürften.

Umschlaggestaltung: Erich Kirchner, Heidelberg
SPIN 10652906   30/3136-5 4 3 2 1 0 – Gedruckt auf säurefreiem Papier

Geleitwort

Die langfristige Sicherung der natürlichen Lebensgrundlagen, wirtschaftliche Stabilität und soziale Verträglichkeit bilden die drei Dimensionen, die das Leitbild der Nachhaltigkeit zu vereinbaren sucht. Dabei verlangt nachhaltige Entwicklung einen Richtungswechsel, wenn es zukünftig gelingen soll, nicht mehr vom Naturkapital selbst, sondern von den Zinsen zu leben. Die Idee, auch künftigen Generationen eine lebenswerte Umwelt zu hinterlassen, findet breite Zustimmung, doch über das Wie herrscht Unsicherheit.

Wie können die Ziele einer nachhaltigen Entwicklung gefunden werden, und wie sieht ein solcher Weg für Deutschland aus? Welche Voraussetzungen müssen Staat, Wirtschaft und Gesellschaft erfüllen, um die Weichen zu stellen?

Um diese komplexen Fragen zu beantworten, beauftragte die Enquete-Kommission »Schutz des Menschen und der Umwelt« Wissenschaftler und Forschungsinstitute mit der Aufarbeitung einzelner Themenbereiche:
- Nationaler Umweltplan
- Globalisierung und Nachhaltigkeit
- Institutionelle Reformen
- Umweltbewußtsein und -verhalten
- Risiko- und Technikakzeptanz
- Bauen und Wohnen
- Versauerung von Böden

Mit der Veröffentlichung ihres Studienprogramms unter dem Titel »Konzept Nachhaltigkeit« will die Enquete-Kommission die aktuellen Forschungsergebnisse Politik, Wissenschaft, Wirtschaft und nicht zuletzt einer interessierten Öffentlichkeit zur Verfügung stellen. Die in den Studien geäußerten Ansichten müssen nicht mit denen der Enquete-Kommission übereinstimmen. Ich hoffe, daß die Veröffentlichung dazu beiträgt, die Diskussion zu beleben, und daß sie Mut macht zu weiteren Schritten in Richtung Nachhaltigkeit.

27. August 1997 Marion Caspers-Merk

Vorsitzende der Enquete-Kommission
»Schutz des Menschen und der Umwelt«

Kurzfassung und Vorwort

Das vorliegende Gutachten über die Erstellung eines nationalen Umweltplans wurde Anfang November 1996 der Enquete-Kommission "Schutz des Menschen und der Umwelt" des deutschen Bundestages vorgelegt und wird in einer leicht überarbeiteten Fassung[1] hier veröffentlicht. Einige wichtige Ergebnisse seien vorweg zusammengefaßt:

1) Die Studie stellt - vor dem Hintergrund entsprechender Planungen in entwickelten Marktwirtschaften - den Planungsprozeß in fünf ausgewählten OECD-Ländern (Niederlande, Großbritannien, Kanada, Österreich und Schweiz) dar und leitet auf dieser Basis Empfehlungen für die Bundesrepublik Deutschland ab.

2) Nationale Umweltplanung im Sinne der Agenda 21 stellt eine soziale Innovation dar, die institutionelle und strategische Defizite bisheriger Umweltpolitik zu überwinden versucht. Sie stellt einen Typus von indikativer Planung dar, der die konsensuale Zielbildung auf breiter Basis in den Vordergrund stellt und durch die Merkmale der Partizipation, der intersektoralen Integration und Verursacherorientierung charakterisiert ist.

Nationale Umweltplanung im Sinne der Agenda 21 hat sich in vielen Ländern ausgebreitet. Die Formen sind allerdings sehr unterschiedlich, oft handelt es sich um erste Schritte hin zu einer integrierten Langfriststrategie auf breiter gesellschaftlicher Basis. Etwa zwei Drittel der Industriestaaten haben jedoch eine Variante dieser Planung (Strategie) eingeführt oder sind - wie die Schweiz - dabei, dies zu tun (vgl. Abb. 1). In etwa 60 Ländern wurden Umweltaktionspläne erstellt.

3) Gemessen an der Zielqualität, der institutionellen Verbindlichkeit, der Beteiligung und Integration von relevanten Akteuren ist die niederländische Umweltplanung international der weitestgehende Fall, er gilt daher als Modell. Die anderen hier untersuchten Fälle nationaler Umweltplanung haben nach diesen

---

[1] Mit berücksichtigt wurden z.B. die neuesten Entwicklungen in der Schweiz, deren Nachhaltigkeitsstrategie erst nach Beendigung des Gutachtens fertiggestellt wurde. Die Länderberichte im Anhang wurden nicht überarbeitet.

Kriterien geringere Bedeutung, verdienen aber in Teilbereichen ebenfalls Interesse.

4) In der Regel bildete in den fünf Ländern eine Kombination aus drei Faktoren den Anstoß zur Erstellung eines nationalen Umweltplanes:
- spezielle Konstellationen der nationalen Umweltpolitik,
- eine aktive, tendenziell aufsteigende Umweltbewegung und
- ein internationaler Anstoß wie der Brundtland-Bericht, die Agenda 21 oder - in einem Fall - auch das 5. Umweltaktionsprogramm der EU.

In den meisten der untersuchten Länder wurde dieser Prozeß wesentlich vom Umweltministerium (bzw. der nationalen Umweltbehörde) bestimmt. In einer Reihe von Ländern wurden spezielle Planungsorgane geschaffen. Der eigentlich kritische Punkt in der Erstellung (und Implementation) eines nationalen Umweltplanes ist die Integration der wirtschaftsnahen "anderen" Ressorts und ihrer Klientel in den Planerstellungsprozeß. Dabei geht es darum, ein breit akzeptables Maß an Umweltzielen in diesen Abstimmungen zu sichern. Im Sinne der Agenda 21 kommt es darüber hinaus darauf an, die wirtschaftsnahen Ressorts und ihre Klientel zu eigenverantwortlichen Beiträgen des langfristigen Umweltschutzes zu veranlassen. Ein nationaler Umweltplan hat seine Bedeutung nicht zuletzt in der Funktion, die traditionell additive Rolle von Umweltpolitik durch intersektorale Querschnittsstrategien zu überwinden. Dabei erweisen sich die Bereiche Verkehr, Energie, Bau und Landwirtschaft in aller Regel als besonders widerständig.

5) Die Literatur betont den Prozeßcharakter nationaler Umweltplanung. Die OECD warnt ausdrücklich: "Einen perfekten Plan anzustreben, kann kontraproduktiv sein. Das Motto sollte sein: Unmittelbar damit in Gang kommen!". Dabei ist von längeren Zeiträumen auszugehen: Die formelle Planerstellung dauerte im Industrieländervergleich zwischen sechs Monaten (Frankreich) und vier Jahren (Schweiz). Wie das Gutachten zeigt, ist die tatsächliche Planungsperiode länger, in Österreich z.B. fünf Jahre, in den Niederlanden sechs Jahre.

6) Auf der Basis der hier untersuchten fünf Beispielsfälle wird im Gutachten eine modellhafte Empfehlung für die Bundesrepublik ausgesprochen (s. Abbildung 2). Entscheidende Schritte des Vorschlages sind: ein massiver Wissensinput in einen öffentlichen und sodann institutionellen Diskurs; ein Planentwurf als staatliche Vorgabe; eine spezielle Planungsinstitution (Rat für Umweltplanung, ggf. Rat für nachhaltige Entwicklung) mit der Funktion der Konsultation und Konsensbildung; ein System dezentraler freiwilliger Vereinbarungen und ein Berichts- und Überprüfungsmechanismus. Empfohlen wird weiterhin eine Reihe von flankierenden Maßnahmen: die Verankerung eines Gesetzesauftrags zur Umweltplanung, wie sie u. a. in den Niederlanden, Japan, Neuseeland und Südkorea besteht (z. B. als Novelle zum UVP-Gesetz)

und die Schaffung einer kompetenten organisatorischen und wissenschaftlichen Infrastruktur für den Planungsprozesses.

7) Der Vorschlag skizziert die weitestgehende Vorgehensweise, schließt also die Option ein, in den Prozeß nationaler Umweltplanung mit der weicheren Variante einer "nationalen Nachhaltigkeitsstrategie" einzutreten, den umfassend institutionalisierten "nationalen Umweltplan" mithin als weitere Perspektive zu behandeln. Auch die Zielqualität kann variabel gehandhabt werden. Der Einstieg in einen integrierten Lernprozeß relevanter Verursacherbereiche kann Vorrang haben.

Als Minimum wird u. a. empfohlen: die Zusammenfassung aller vorhandenen nationalen Umweltplanungen, internationalen Zielvorgaben und freiwilligen Vereinbarungen in einem breit zugänglichen Dokument; die Darstellung der wichtigsten, langfristig ungelösten Umweltprobleme des Landes und der hierzu vorliegenden wissenschaftlichen Empfehlungen, Optionen und Erfolgsfälle; die Institutionalisierung eines breiten nationalen Diskurses mit Vertretern von Verursacherbereichen über die langfristige ökologische Perspektive Deutschlands und Möglichkeiten ihrer Verbesserung; die Schaffung eines minimalen Orientierungsrahmens an Zielvorgaben für dezentrale freiwillige Vereinbarungen von Städten und Branchen (analog zum bereits bestehenden CO_2-Ziel); die Verankerung einer Berichtspflicht der Ressorts über Umweltbelange ihrer Tätigkeit und eigene Beiträge zur Umweltverbesserung; die Konzentration auf Varianten der Nachhaltigkeitsstrategie, die mit der Ressourcenproduktivität die betriebliche Kostensituation verbessern und neue Märkte für ökologisch zukunftsgerechtere Anlagen und Produkte eröffnen.

Für jede dieser Maßnahmen liegen internationale Erfahrung bereits vor.

8) Ob die Bundesrepublik ihrer bisherigen Vorreiter-Rolle im Rio-Prozeß mit Minimallösungen einer nationalen Nachhaltigkeitsstrategie gerecht wird, war im Rahmen des Gutachtens nicht zu prüfen. Geprüft wurden aber mögliche Argumente zugunsten einer nationalen Umweltplanung. Dabei wurde neben dem internationalen Trend zur nationalen Umweltplanung die hierdurch gegebene Möglichkeit einer Effizienzsteigerung und Modernisierung von Umweltpolitik hervorgehoben. Darüber hinaus weisen die Planungen mehrerer entwickelter Marktwirtschaften (Dänemark, Holland, Schweden, Schweiz, USA, Kanada, Japan und nicht zuletzt Südkorea), auf die Möglichkeit einer Nutzung dieses Instrumentes für eine umfassende Modernisierung und Standortverbesserung der Volkswirtschaft. Als spezielles Argument für eine Umweltplanung in Deutschland könnte auch die Tatsache angesehen werden, daß das Umweltprogramm der Bundesregierung von 1971 (das 1976 fortgeschrieben wurde) seinerzeit bereits ein hochentwickelter Umweltplan mit immerhin 54 budgetierten Einzelmaßnahmen war.

Die Tatsache, daß sich heute im Zeichen von New Public Management "Strategische Planung" in vielen Ländern und Politikbereichen ausbreitet, sei in diesem Zusammenhang wenigstens angedeutet.

9) Die im internationalen Vergleich weitestgehenden Planungen wurden bisher unter situativ günstigen Bedingungen formuliert (starke Umweltmobilisierung und günstige Wirtschaftslage). Die aktuell weniger günstige Wirtschaftslage in der Bundesrepublik sollte durch die vorgeschlagene Konzentration auf win-win-Lösungen und zusätzliche politische Anstrengungen kompensiert werden. Dies setzt nicht zuletzt das aktive, gemeinsame Vorgehen der Umweltverbände (wie in Holland und Kanada) und eine offensivere Argumentation der Politik voraus.

Berlin, August 1997   Martin Jänicke
                                                                   Alexander Carius
                                                                   Helge Jörgens

Inhaltsverzeichnis

A Gutachten

1 Einleitung 3

2 Bedeutung und internationale Tendenzen nationaler Umweltplanung 5
   2.1 Die Literatur zur nationalen Umweltplanung 6
   2.2 Charakteristika existierender Umweltpläne in entwickelten Marktwirtschaften und ausgewählten Schwellenländern 7
   2.3 Defizite bisheriger Umweltpläne 18

3 Die fünf ausgewählten Fälle in systematischer Betrachtung 21
   3.1 Planinitiierung 21
      3.1.1 Beginn und Zeitraum der Planerstellung 21
      3.1.2 Vorlauf und allgemeiner Kontext 22
      3.1.3 Anstoß zur Planerstellung 24
   3.2 Akteure des Planerstellungsprozesses 26
      3.2.1 Trägergruppe des Planungsprozesses 26
      3.2.2 Rolle der Umweltverbände 31
   3.3 Konflikte bei der Planerstellung 32
   3.4 Formen des Planerstellungsprozesses 34

4 Planung als Prozeß: Prozedurale Empfehlungen 43
   4.1 Vorabklärung durch informelle Träger (advocacy-coalition) 44
   4.2 Erstellung einer Wissensbasis 44
   4.3 Eröffnung des formellen Prozesses 46
   4.4 Einholung von Stellungnahmen umweltrelevanter Akteure 46
   4.5 Entwurf des Umweltplanes 46
   4.6 Beratung und Konsensbildung: "Rat für Umweltplanung" 47
   4.7 Offizielle Vorlage des Umweltplans 49
   4.8 Umsetzung des nationalen Umweltplans 50
   4.9 Berichtspflicht, Monitoring der Umsetzung 50

4.10	Bewertung der Umsetzung, Revision	50
5	**Flankierung und Kapazitätsbildung**	**53**
6	**Zur bundesstaatlichen und europäischen Dimension von Umweltplanung in Deutschland**	**57**
6.1	Zur Rolle der Bundesländer	57
6.2	Zur europäischen Dimension der Umweltpolitikplanung	57
7	**Nationale Umweltplanung als politisch-ökonomische Modernisierung: Skizze einer Begründungsbasis**	**61**
7.1	Internationale Vorgaben und Entwicklungen	61
7.2	Umweltpolitische Gründe für eine strategische Umweltplanung	62
7.3	Ökonomische Gründe	63
Literatur		**65**

B Länderberichte

8   Niederlande:
The Dutch National Environmental Policy Plan 73

8.1 Introduction 73
8.2 The Early History 73
8.3 Towards the First NEPP 74
8.4 The Fall of the Government 76
8.5 The NEPP PLUS 77
8.6 NEPP 2 78
8.7 The Lessons of NEPP 80
References 82
Annex A: The National Environmental Policy Plan, 1989 82
Annex B: The National Environmental Policy Plan Plus,1990 84
Annex C: The National Environmental Policy Plan 2, 1993............ 84

9   Großbritannien:
The Drafting of National Environmental Plans:
The UK Experience 87

9.1 Introduction 87
9.2 1990 Environment White Paper: This Common Inheritance ... 88
    9.2.1 Origins 88
    9.2.2 Drafting the White Paper 89
    9.2.3 Content of the White Paper 90
    9.2.4 New Institutions 91
9.3 Sustainable Development: The UK Strategy 92
    9.3.1 Introduction 92
    9.3.2 Initiation 93
    9.3.3 Drafting Phase 93
    9.3.3.1 Public Participation 93
    9.3.3.2 Inter-departmental negotiations 94
9.4 Links with Local Government 96
9.5 Links with the EU's Fifth Environmental Action Programme... 96

10 Kanada:
Canada's Green Plan 97

10.1 Abstract 97
10.2 Introduction 97
10.3 The Precursors of the Environmental Action Plan 98
    10.3.1 Public Concern for the Environment 98
    10.3.2 The Brundtland Commission 100

	10.4	The Green Plan Idea	101
		10.4.1 ENGO Influence	102
		10.4.2 Political Influence	103
		10.4.3 Environment Canada's Influence	104
	10.5	Planning the Content: Goals and Initiatives	106
		10.5.1 Summary of Goals and Key Initiatives	106
		10.5.2 The Choice of Policy Instrument	107
	10.6	Drafting the Agenda: Actors are Territorial	108
		10.6.1 Political Actors	109
		10.6.2 Bureaucratic Actors	109
		10.6.3 The Consultative Process	110
		10.6.4 Points of Conflict During the Drafting Stage	112
	10.7	Current Status of National Environmental Planning in Canada	113
	10.8	Lessons Learned	113
	Annex		115
	References		119
11	**Österreich:** **Der Nationale Umweltplan (NUP) für Österreich**		**121**
	11.1	Initiierungsphase und Entstehungsbedingungen	121
	11.2	Organisation und Partizipationsstrukturen der Planerstellung	125
	11.3	Exkurs: Der Jugendumweltplan	131
	11.4	Von der Planerstellung zur Umsetzung	133
	11.5	Resumé	137
	Literatur		138
12	**Schweiz:** **Umweltplanung in der Schweiz:** **Zwei Seiten der Politikverflechtung**		**141**
	12.1	Einleitung und Überblick	141
	12.2	Planung am Beispiel der Luftreinhaltepolitik: Initial- und Planungsphase	142
	12.3	Akteure, Konfliktpunkte und Effektivitätsbeurteilung	144
	12.4	Vergleich der verschiedenen Umweltplanungen	147
	12.5	Das Zurück zur gesamtheitlichen Planung im Gefolge des Rio-Gipfels	149
	12.6	Zusammenfassung und Schlußfolgerungen	150
	Anhang		152
	Literatur		152

Autorenverzeichnis

JÄNICKE, Martin, Prof. Dr.
Forschungsstelle für Umweltpolitik
Fachbereich Politische Wissenschaft
Freie Universität Berlin
Schwendenerstr. 53
D-14195 Berlin
Deutschland

JÖRGENS, Helge., Dipl.-Pol.
Forschungsstelle für Umweltpolitik
Fachbereich Politische Wissenschaft
Freie Universität Berlin
Schwendenerstr. 53
D-14195 Berlin
Deutschland

CARIUS, Alexander, Dipl.-Pol.
Ecologic
Gesellschaft für Internationale
und Europäische Umweltforschung
Friedrichstr. 165
D-10117 Berlin
Deutschland

Mit Beiträgen von:

BENNETT, Graham, Dr.
AIDEnvironment
Donker Curtiusstraat 7-523
NL-1051 JL Amsterdam
Niederlande

GALE, Robert J.P., Dr.
Royal Roads University
Environmental Programs
2005 Sooke Road
V9B 5Y2 Victoria B.C.
Kanada

KRAEMER, Andreas, Dipl.-Ing.
Ecologic
Haus der Demokratie
Friedrichstr. 165
D-10117 Berlin
Deutschland

PAYER, Harald, Dr.
Interuniversitäres Institut für Interdisziplinäre Forschung und Fortbildung
der Universität Insbruck, Klagenfurt und Wien
Seidengasse 13
A-1070 Wien
Österreich

RASMUSSEN, Merete
Forschungsstelle für Evaluationsfragen
Bühlstr. 59
CH-3012 Bern
Schweiz

SCHNEIDER, Gerald, Prof. Dr.
Institut für Politikwissenschaft
Universität Stuttgart
Keplerstrasse 17
D-70174 Stuttgart
Deutschland

WILKINSON, David, Dr.
Institute for European Environmental Policy
52 Houseferry Road
London SW1P 2AG
Großbritannien

A

Gutachten

1 Einleitung

Das vorliegende, in begrenztem Zeit- und Finanzrahmen zu erarbeitende Gutachten über die Erstellung eines nationalen Umweltplanes will, vor dem Hintergrund entsprechender Planungen in entwickelten Marktwirtschaften, den Planungsprozeß in fünf ausgewählten OECD-Ländern darstellen und auf dieser Basis Empfehlungen für die Bundesrepublik Deutschland ableiten.

Die Studie wurde wie folgt erstellt: Für die vom Auftraggeber benannten Länder - die Niederlande, Großbritannien, Kanada, Österreich und die Schweiz - wurden von Experten dieser Länder Berichte angefertigt, denen ein Frageraster vorgegeben war (diese Berichte sind als Material im Anhang beigefügt). Hierzu wurden Stellungnahmen eingeholt. Offengebliebene Fragen wurden (insbesondere im Falle der Schweiz) nachrecherchiert[1]. Für die zusammenfassende Darstellung der nationalen Fälle wurde zusätzlich auf die vorhandene Literatur zurückgegriffen. Erste Ergebnisse dieser Untersuchung wurden auf einem Diskussionspanel zum Thema "Green Planning" auf der Konferenz über "Sustainable Development and Environmental Governance" im September 1996 in Fontevraud, Frankreich zur Diskussion gestellt.[2]

Die anschließenden Empfehlungen versuchen, Erfahrungen in der ganzen Breite der insgesamt berücksichtigten nationalen Umweltpläne auszuwerten und dabei auch den erkannten Defiziten Rechnung zu tragen.

Das Gutachten beginnt mit einer knappen Darstellung der Literatur zur nationalen Umweltplanung sowie einem breiten Überblick über Umweltpläne in entwickelten Marktwirtschaften (Kapitel II). In Kapitel III werden die fünf vom Auftraggeber benannten Fälle systematisch vergleichend untersucht. Im Mittelpunkt steht die Analyse des Planerstellungsprozesses in diesen Ländern. Kapitel IV und V skizzieren - auf der Basis der vorher untersuchten und dargestellten Fälle - Stufen eines möglichen Umweltplanungsprozesses in der Bundesrepublik Deutschland. Kapitel VI geht gesondert auf die bundesstaatliche und europäische Dimension dieses Prozesses ein, während in Kapitel VII abschließend eine mög-

---

1 Zusätzliche Interviews wurden von der FFU mit zuständigen Spitzenbeamten des BUWAL und des österreichischen BMU geführt.

2 Ein spezieller Informationsaustausch wurde mit "Green-Plan"-Experten aus den Niederlanden (Prof. Bressers), Großbritannien (Dr. Dalal-Clayton), Österreich (Prof. Schleicher), der Schweiz (Prof. Knoepfel), Frankreich (Prof. Larrue und Lucien Chabason) und Portugal (Prof. Correia) durchgeführt.

liche politische und ökonomische Begründungsbasis für eine bundesdeutsche Umweltplanung gezeichnet wird.

2 Bedeutung und internationale Tendenzen nationaler Umweltplanung

Die auf der Rio-Konferenz 1992 verabschiedete, auch von der Bundesrepublik unterzeichnete Agenda 21 enthält die Verpflichtung, eine nationale Politik nachhaltiger Entwicklung zu formulieren. Empfohlen wird in diesem Zusammenhang:

"Governments (...) should adopt a national strategy for sustainable development (...). National Plans for Sustainable Development (...) should build upon and harmonize the various sectoral, economic, social and environmental policies and plans that are operating in the country" (Agenda 21).

Nationale Umweltplanung im Sinne der Agenda 21 stellt eine sozialtechnische Innovation dar, die institutionelle und strategische Defizite bisheriger Umweltpolitik zu überwinden versucht. Sie stellt einen Typus von indikativer Planung dar, der die konsensuale Zielbildung auf breiter Basis in den Vordergrund stellt und durch die Merkmale der Partizipation, intersektoralen Integration und Verursacherorientierung charakterisiert werden kann.

Im folgenden wird nationale Umweltplanung als Oberbegriff verwendet, der inhaltlich sowohl "nationale Umweltpläne" im engeren Sinne als auch "nationale Strategien ökologisch nachhaltiger Entwicklung" im weiteren Sinne umfaßt. Da beide letztlich auf die Tradition des Brundtland-Berichts zurückgehen, ist der genannte Unterschied zunächst einmal vorwiegend ein sprachlicher. Zur typologischen Unterscheidung soll hier allerdings beim Umweltplan die institutionelle Verankerung, bei der Nachhaltigkeitsstrategie der Aspekt der langfristigen Zielbildung auf breiter Basis definitorisch in den Vordergrund gerückt werden. Nationale Nachhaltigkeitsstrategien sind im Hinblick auf die institutionelle Ausgestaltung relativ offen und haben empirisch sehr unterschiedliche Varianten, vom bloßen Programm eines Ministeriums zum detaillierten Planungskonzept.

Nationale Umweltpläne bzw. Nachhaltigkeitsstrategien im Sinne der Agenda 21 sind mittlerweile in vielen Ländern verbreitet. Etwa zwei Drittel der Industrieländer haben heute eine Variante dieser Planung (OECD 1995; Jänicke/Jörgens 1996; Dalal-Clayton 1996), ebenso eine große Zahl von Entwicklungsländern (Lampietti/Subramanian 1995).

Im folgenden geben wir einen knappen Einblick in die einschlägige Literatur sowie einen Überblick über existierende nationale Umweltpläne bzw. Programme nachhaltiger Entwicklung in entwickelten Marktwirtschaften.

2.1 Die Literatur zur nationalen Umweltplanung

Bisher existiert kein einheitliches Modell nationaler Umweltplanung. Einerseits sind die in den letzten Jahren von Industrieländern entwickelten Umweltpläne und -programme in ihrem Charakter höchst unterschiedlich (Jänicke/Jörgens 1996; Dalal-Clayton 1996a; OECD 1995, Johnson 1995). Andererseits enthält auch die noch in den Anfängen steckende Literatur zur langfristigen nationalen Umweltplanung noch keinen einheitlichen theoretisch-modellhaften Ansatz.

Die bisherigen Ansätze in der Literatur lassen sich grob in zwei Gruppen unterteilen:
a) Studien zur Umweltplanung in Industrieländern und
b) Studien zur Umweltplanung in Entwicklungs- und Schwellenländern sowie den mittel- und osteuropäischen Staaten.

Umweltplanung in Industrieländern wurde zunächst durch die World Conservation Strategy der International Union for Conservation of Nature and Natural Resources (IUCN 1980), dann durch den Brundtland-Report von 1987 (WCED 1987) und seit 1992 auch im Rahmen der Agenda 21 angestoßen (vgl. Weale 1992; World Resources Institute 1994; Jörgens 1996). Der diesen Strategien zugrundeliegende Ansatz zielt primär auf eine Integration von Umweltbelangen in die Entscheidungen und Handlungen anderer relevanter Politikfelder ab. Hintergrund ist die Erkenntnis, daß Umweltpolitik in Industrieländern zwar eine Reihe von Problemen (SO_2- oder Staubemissionen, Reinigung von Haushalts- oder Industrieabwässern etc.) relativ erfolgreich bearbeitet hat, daß sich in anderen zentralen Problembereichen (Flächen- und Ressourcenverbrauch, Verkehrsaufkommen, CO_2-Ausstoß etc.) jedoch keine oder nur langsame Verbesserungen zeigen (vgl. Jänicke/Weidner 1997a). Langfristige, politikfeldübergreifende und integrative Umweltplanung versucht, Problembereiche, die mit den bisherigen Mechanismen additiver Reinigungstechnologie nicht erfolgreich gelöst werden konnten, effektiver anzugehen und damit eine wirkliche Nachhaltigkeitspolitik zu ermöglichen. Exemplarisch wurde diese Neugestaltung der Umweltpolitik von den Niederlanden vorgenommen, nachdem eine 1988 veröffentlichte Studie des Nationalen Instituts für Gesundheit und Umweltschutz (RIVM) zeigte, daß die notwendigen Emissionsreduktionen und Umweltqualitätsverbesserungen selbst durch umfassende Anwendung modernster end-of-pipe-Technologien nicht erreicht werden konnten.

Nationale Umweltpläne in Entwicklungs- und Schwellenländern (auch als Umweltaktionspläne bezeichnet), die seit 1987 von der Weltbank und verschiedenen UN-Organisationen (UNDP, UNEP), seit 1992 ebenfalls durch die Agenda 21, angestoßen und gefördert wurden, folgen einer breiteren Zielsetzung. Sie zielen zunächst auf die Stärkung der umweltpolitischen Kapazitäten durch die Schaffung eigenständiger Umweltverwaltungen und umweltpolitischer Institutionen und eine Stärkung des Umweltschutzes gegenüber anderen Politikzielen. Hierbei wird besondere Bedeutung auf die Partizipation gesellschaftlicher Gruppen gelegt. Für die Entwicklung von Umweltaktionsplänen hat die Weltbank 1992 eine interne Verwaltungsrichtlinie angenommen, die deren Charakteristika festlegt. In etwa 60 Entwicklungs- und Schwellenländern wurden bisher Umweltaktionspläne erstellt (Metzner 1996: 26; siehe auch Carew-Reid et al. 1994, Lampietti/Subramanian 1995, Fahrenhorst 1996).

Durch die UNCED-Konferenz 1992 in Rio de Janeiro wurden diese beiden Strömungen teilweise zusammengeführt. Die Agenda 21 fordert die Erstellung von nationalen Nachhaltigkeitsstrategien gleichermaßen für Industrie-, Schwellen- und Entwicklungsländer. Diese Entwicklung hat auch in der Literatur zu ersten Ansätzen geführt, allgemeine Modelle nationaler Umweltplanung aufzustellen, die von beiden Ansätzen profitieren (OECD 1995; Johnson 1995, Dalal-Clayton 1996a, 1996b; Jänicke/Jörgens 1996; RRI 1996). Vor allem diese neuere Literatur zur nationalen Umweltplanung wird in diesem Gutachten bei der Erarbeitung von Empfehlungen mit herangezogen.

2.2 Charakteristika existierender Umweltpläne in entwickelten Marktwirtschaften und ausgewählten Schwellenländern

Meist sind die bisher realisierten nationalen Umweltpläne ein erster Schritt in Richtung auf eine intersektorale Langzeitstrategie auf breiter Basis und beschränken sich auf die Darlegung von Problemen und Optionen sowie auf allgemeine Willensbekundungen. Wir möchten im folgenden einen systematischen Überblick über die in entwickelten Marktwirtschaften (OECD-Länder plus Südkorea und Singapur) existierenden nationalen Umweltpläne und ihre besonderen Merkmale geben, bevor wir auf die Frage nach dem Prozeß ihrer Erstellung eingehen. Ein solcher international vergleichender empirischer Überblick kann einerseits Defizite bisheriger Umweltpläne aufzeigen, andererseits verweist er auf die Breite der Gestaltungsmöglichkeiten nationaler Umweltplanung.

Um die Vielfalt nationaler Umweltpläne zu systematisieren, verwenden wir die folgenden drei Kategorien (vgl. Jänicke/Jörgens 1996):
1) Genauigkeit und Relevanz der Umweltziele;
2) Partizipation und Integration beim Planungsprozess und
3) Institutionalisierung der Umweltplanung.

Tabelle 1 zeigt die bisher existierenden nationalen Umweltpläne in entwickelten Marktwirtschaften. *Tabelle 2* gibt einen Überblick über die Charakteristika dieser Pläne im Sinne der oben eingeführten Kategorien. In Ergänzung zu den fünf Falldarstellungen in Kapitel III (Niederlande, Großbritannien, Kanada, Österreich, Schweiz) werden in diesem Kapitel weitere Kurzdarstellungen nationaler Pläne, die über die ausgewählten fünf Fälle hinaus von besonderem Interesse sind, eingefügt (Schweden, Südkorea, Neuseeland, Dänemark, Japan).

Tabelle 1: Nationale Umweltpläne in entwickelten Marktwirtschaften

Land	Umweltplan (offizielle Bezeichnung)	Jahr
Niederlande	National Environmental Policy Plan (NEPP); NEPP 2	1989/1993
Dänemark	Action Plan for Environment and Development; sektorale Aktionspläne, z.B. Energy 2000 (1990)	1988
	Denmark's Nature and Environment Policy	1995
Finnland	Sustainable Development and Finland	1989/90
	Finnish Action for Sustainable Development	1995
Großbritannien	This Common Inheritance: Britain's Environmental Strategy; Sustainable Development: The UK Strategy	1990/1994
Kanada	Canada's Green Plan for a Healthy Environment, Guide to Green Government	1990/1995
Frankreich	Plan National pour l'Environnement - Plan Vert	1990
Südkorea	Master Plan (1991); Korea's Green Vision 21	1991/1995
Neuseeland	Resource Management Act (1991); Environment 2010 Strategy	1991/1994
Australien	National Strategy for Sustainable Development	1992
Singapur	Singapore Green Plan - Toward a Model Green City	1992
Schweden	Enviro '93, Towards Sustainable Development in Sweden	1993/1994
Österreich	Nationaler Umweltplan (NUP)	1995
Japan	The Basic Environment Plan; Action Plan for Greening Government Operations	beide 1995
Portugal	Plano Nacional da Política do Ambiente (Nationaler Umweltpolitikplan)	1995
Schweiz	Nachhaltige Entwicklung in der Schweiz - Strategie	1997

(Quelle: Jänicke/Jörgens 1996)

> **Schweden:**
>
> Der schwedische Ansatz besteht in parlamentarischen Zielvorgaben, die meist von der Umweltbehörde wissenschaftlich vorbereitet und vom Umweltministerium vorgeschlagen werden. Parlamentarische Pläne dieser Art gab es bereits bereits 1988 und 1991. Besondere Bedeutung hatte die vom Umweltamt vorgelegte Strategie "Enviro '93", mit sektoralen Programmen für wichtige Verursacherbereiche (Industrie, Energie, Verkehr, Land- und Forstwirtschaft, Wasserver- und -entsorgung). Über die Umsetzung der Planung wird regelmäßig berichtet. Es bestehen über hundert, häufig quantitative Zielvorgaben mit unterschiedlicher Befristung, so etwa ein Verwendungsstopp für chlorierte Lösemittel (bis 1995), Quecksilber (bis 2000) und Blei (keine Frist). Das Ziel einer Reduzierung der Schwefeldioxid-Emissionen um 80% bis zum Jahr 2000 (Basis 1980) wurde bereits 1994 erreicht; ebenso wurde das Ziel einer Halbierung des Pestizideinsatzes bis 1990 erreicht, die nochmalige Reduktion um 50% bis 1996 wurde dagegen nicht in vollem Umfang verwirklicht. Nicht erfüllte Ziele, z.B. die Verringerung der NO_x-Emissionen um 30% bis 1995 (Basis 1980), führten meist zur Neukonzipierung von Maßnahmen. Bei der Umsetzung wird zunehmend auf Umweltabgaben im Rahmen einer umfassenden Steuerreform zurückgegriffen. Die Umweltstrategie soll auch zur Modernisierung der Industrie beitragen. Es besteht ein nationales Agenda-21-Komitee. Alle 288 Lokalverwaltugen haben den Agenda-21-Prozeß eingeleitet. Die schwedische Regierung erarbeitet derzeit eine neue nationale Strategie für Umwelt und nachhaltige Entwicklung, die Anfang 1998 dem Parlament vorgelegt werden soll. Die "eco-cycle commission" der Regierung hat eine weitgehende Strategie zur Verringerung des Rohstoffeinsatzes auf ein Zehntel innerhalb der nächsten 25-50 Jahre vorgeschlagen, die auch auf EU-Ebene verfolgt werden soll. Die Strategie ("reduction and cleaning of material flows") strebt u.a. den Ausstieg aus fossilen Brennstoffen und hochgiftigen Substanzen an. In 10-15 Jahren soll die Lebensdauer von Produkten verdoppelt werden.

In bezug auf die erste Kategorie der Zielqualität ist es von Bedeutung, ob der Plan konkrete, quantitative Ziele enthält oder ob diese eher allgemein sind. Weiterhin muß gefragt werden, ob der Plan relevante Umweltziele formuliert, oder ob er wichtige nationale Umweltprobleme ignoriert. Nicht zuletzt spielt eine Rolle, ob die Ziele realistisch sind, ob sie wissenschaftlich basiert sind und ob bei ihrer Formulierung die vorhandenen Restriktionen, die Kapazitäten des politischen Systems und die Möglichkeiten der Zielgruppen, diese Ziele zu erreichen, berücksichtigt wurden.

Die Mehrheit der Umweltpläne in den untersuchten Ländern enthält eine Vielzahl eher allgemeiner Vorgaben und nur wenige konkrete und quantitative Ziele. Dies ist beispielsweise der Fall in Großbritannien, Österreich, Frankreich, Japan und Finnland. Quantitative Ziele mit konkreten Zeitvorgaben und einer Beschreibung der zu treffenden Maßnahmen sind selten in diesen Plänen. Sie finden sich vor allem im Bereich grenzüberschreitender oder globaler Umweltprobleme, die bereits durch internationale Abkommen, Verträge und Selbstverpflichtungen geregelt sind. So war die im österreichischen Umweltplan enthaltene Reduktion der CO_2-Emissionen um 20% bis zum Jahr 2005 schon 1990 und 1993 in den Energieberichten der Regierung angekündigt worden und entsprach der Verpflichtung des Landes auf der Klimakonferenz in Toronto (Österreichische Bundesregierung 1995: 20). Ähnlich haben die Autoren des französischen Plan Vert von 1990 bei dessen Erstellung auf bereits bestehende umweltpolitische Verpflichtungen und Ziele Frankreichs zurückgegriffen und diese in den Plan integriert. Bei Konflikten mit anderen Ministerien konnte dann darauf verwiesen werden, daß die Ziele keine Verschärfung gegenüber bereits geltenden Gesetzen und Verpflichtungen darstellten.[3]

Auch der japanische Basic Environment Plan von 1995 weist diese Mischung von alten und neuen Umweltzielen auf. Er listet eine Reihe von in der nationalen Gesetzgebung oder in internationalen Abkommen bereits bestehenden konkreten und quantifizierten Vorgaben auf. Die große Mehrheit der neuen Umweltziele in diesem Plan ist jedoch qualitativer Art und nicht mit konkreten Umsetzungsfristen versehen.

Es finden sich im internationalen Vergleich aber auch Beispiele für Pläne, in denen konkrete und mit Fristen verbundene Umweltziele und Maßnahmen neu aufgestellt wurden. Die meiste Beachtung fand in dieser Hinsicht der niederländische National Environmental Policy Plan (NEPP), der über 200 quantitative Ziele und damit verbundene Maßnahmen - vor allem freiwillige Vereinbarungen (covenants) mit den Verursacherbranchen - enthält (vgl. Weale 1992; World Resources 1994; Bressers 1997; Bennett im Anhang). Im Hinblick auf die Eindeutigkeit seiner Ziele und die Konkretheit der geplanten Maßnahmen ist der südkoreanische Master Plan for the Preservation of the Environment (1991) ebenfalls von Interesse, desgleichen die schwedische Umweltplanung.

Der kanadische Green Plan for a Healthy Environment kann im Hinblick auf die Zielqualität zwischen diesen beiden Ländergruppen eingeordnet werden. Er enthält eine Mischung aus qualitativen und quantitativen Vorgaben. Auf der einen Seite formuliert der Green Plan einige eindrucksvolle Umweltziele wie etwa eine Halbierung des kanadischen Abfallaufkommens bis zum Jahr 2000, die Halbierung der SO_2-Emissionen im östlichen Kanada bis 1994 sowie den Ausstieg aus der Produktion von FCKW und anderen Substanzen, die für den Abbau des stratosphärischen Ozons verantwortlich sind, bis zum Jahr 1997 (Gale im Anhang). Auf der anderen Seite ist kritisiert worden, daß mehr als die Hälfte der im Plan vorgesehenen Maßnahmen informationeller Art sind und damit lediglich indirekten Einfluß auf das Verhalten der Zielgruppen ausüben (Gale im Anhang; Hoberg/Harrison 1994).

---

3 Mündliche Präsentation von Lucien Chabason, Co-Autor des französischen Umweltplans, zum Thema "Le Plan National Français pour l'Environnement: Évaluation a Posteriori" im Arbeitskreis "Implementation of green plans" auf der Konferenz "The Environment in the 21st Century. Environment, long-term Governance and Democracy", 8.-11. September 1996 in Fontevraud, Frankreich.

Südkorea:

Das Land hat eine erfolgreiche Tradition in der Wirtschaftsplanung. Im Zeichen der Demokratisierung des Landes nach 1987 wurde die Planung auf die Umweltpolitik ausgedehnt. Seit 1991 gibt es hier eine Langzeit- (10 Jahre) und eine Mittelfristplanung (5 Jahre). Das grundlegende Umweltgesetz -Basic Environmental Policy Act- von 1990 legt in Artikel 12-14 die Details fest: Der Umweltminister stimmt den "Long-Term Comprehensive Plan for Environmental Preservation" mit dem Environmental Preservation Committee und mit den Spitzen der Zentralverwaltungen ab, die ihn danach auszuführen haben. Der Plan wird vom Staatsrat beschlossen. Das Gesetz regelt auch die inhaltliche Struktur des Langzeitplans: die Entwicklung von Einflußfaktoren wie Bevölkerung oder Industrieproduktion muß dargestellt und mit einer Prognose der Umweltauswirkungen verbunden werden. Sodann sind Ziele und operative Maßnahmen zu formulieren und die Kosten - wie auch die Einnahmen - zu planen. Bis ins statistische Detail hinein ist diese von der Bodennutzung über die Abfallbeseitigung bis zur Energieeinsparung reichende Planung auf hohem Niveau geregelt. 1995 wurde (als Teil des Umweltberichts) eine "Green Vision 21" veröffentlicht, ein Zehnjahresplan mit über 30 konkreten, zeitlich festgelegten Zielvorgaben, deren Kosten abgeschätzt und deren vorwiegend staatliche Finanzierung (vor allem durch Abgaben) beschrieben wird. Der erste Mittelfrist-Plan von 1991 bis 1996 wurde nach einer Evalution 1995 teils bereits übererfüllt, während sich die Mehrheit der Ziele als zu ehrgeizig erwies. Dieser Plan des Umweltministers sah u. a. eine Verdopplung des Anteils an geklärtem Abwasser, eine Verdreifachung der Abfallbehandlung und die Steigerung des Anteils geschützter Flächen auf 10 Prozent vor; die geplante deutliche Verbesserung der Luftqualität in Seoul wurde bei Schwefeldioxid bereits 1994 erreicht. Die Kosten des Plans wurden in den ersten beiden Jahren mit reichlich einem Prozent des Bruttoinlandsproduktes veranschlagt. Bürgerbeteiligung wird zwar in allgemeiner Form betont, spielt bisher aber offenbar eine geringe Rolle. Hingegen muß der mittelfristige Plan mit den relevanten Verwaltungsspitzen und den Spitzen der Provinzen und Städte abgestimmt werden (Ministry of Environment: Korea's Green Vision 21", Kwacheon 1995).

> **Neuseeland:**
>
> Das Resource Management Act Neuseelands - das Land mit der ersten Umweltpartei (Gründung 1972) - wurde 1991 nach einer dreijährigen öffentlichen Debatte im ganzen Land beschlossen. Wirtschafts- wie Umweltverbände waren an seinem Zustandekommen stark beteiligt. Die Environment 2010 Strategy (1994) wurde auf der Basis dieses Gesetzes als langfristig angelegtes Regierungsprogramm beschlossen. Sie hat 11 umfassende Ziele, die bis 2010 erreicht sein sollen: Bodenqualität, Wasserqualität, Luftreinhaltung, Artenvielfalt, Biosicherheit, nachhaltige Fischerei, nachhaltiges Management von Umwelteffekten der Energieversorgung, Management von Umwelteffekten des Verkehrs, Abfallmanagement, Reduzierung von Treibhausgasen; Wiederherstellung der Ozonschicht. Berichte werden nach vier Jahren vorgelegt, wonach die Strategie offiziell revidiert und aktualisiert wird. Die Aufstellung von Plänen wird durch das RMA geregelt: Nationale und regionale Pläne sind, bis auf Küstenschutzpläne, optional. Die Regionalbehörden können Pläne aufstellen, die die Landnutzung, den Bodenschutz, Wasserquantität und -qualität regeln, dies auch durch Umweltabgaben. Es gibt einen Environment Court, der als rechtliche Beschwerdeinstanz für die Durchführung des Gesetzes dient. Er kann politische Programme danach überprüfen, ob sie den Erfordernissen einer nachhaltigen Entwicklung entsprechen. Nach dem Resource Management Act (das eine Definition von nachhaltigem Ressourcenmanagement enthält) müssen die regionalen Verwaltungen bei der jährlichen Haushaltsplanung Umweltaspekte mit berücksichtigen; das Umweltministerium kann die Politik anderer Ressorts evaluieren. Das Gesetz war mit einer Verwaltungsvereinfachung verbunden; 167 mit Ressourcenfragen befaßte Gesetze und Verordnungen wurden vereinheitlicht und 800 Verwaltungseinheiten auf 93 verringert.

Die zweite hier vorgeschlagene Kategorie betrifft den Grad der Integration und Partizipation im Planungsprozeß. Damit ist zunächst das Ausmaß der Integration umweltpolitischer Aspekte in andere Politikbereiche gemeint (interpolicy coordination). Ein Indikator hierfür ist der Umfang und die Seriosität der Zusammenarbeit zwischen relevanten Ministerien in der Phase der Planerstellung.

In fast allen betrachteten Ländern war das nationale Umweltministerium die federführende Behörde in der Planerstellung (siehe auch Dalal-Clayton 1996a: 5-6). In der Regel wurde von ihm ein erster Entwurf erstellt, der dann im Kabinett diskutiert und entsprechend den Interessenlagen und dem Einfluß der einzelnen Ministerien abgeändert wurde. In einigen Fällen jedoch wurden relevante Ministerien bereits in die Erstellung des Entwurfs einbezogen. Dies ist der Fall in der Schweiz, wo eine interdepartementale Kommission (IDARio), und hier wiederum drei verschiedene Bundesbehörden, die Federführung bei der Planerstellung übernahmen, und in den Niederlanden, wo neben dem Umweltministerium drei weitere Ressorts aktiv an der Erarbeitung des NEPP beteiligt waren und für den Plan verantwortlich zeichneten (Industrie, Verkehr und Landwirtschaft). Das britische Umweltprogramm "This Common Inheritance" von 1990 wiederum wurde vom Umweltministerium in enger Zusammenarbeit mit zwei interministeriellen Komitees erstellt. Das fertige Programm wurde dann von insgesamt elf Ministerien, einschließlich der Ressorts Handel und Industrie, Energie, Transport und Landwirtschaft, unterzeichnet. Der zweite britische Plan, die UK Sustainability Strategy von 1994, trug die Unterschrift von insgesamt 16 Ministern (Wilkinson im Anhang).

> **Dänemark:**
>
> Die Regierung hat bereits 1988 einen Aktionsplan für Umwelt und Entwicklung vorgelegt, dessen rund 150 Einzelmaßnahmen u. a. das Ziel einer 20prozentigen Reduzierung der CO_2-Emissionen bis zum Jahr 2005 (gegenüber 1988) vorsah. 1993 beschloß die Regierung den Übergang zu einer "strategischen Umweltplanung" als Basis einer laufenden Bewertung der Umsetzung umweltpolitischer Ziele. Ziel ist u. a. eine "Minimierung des Ressourcenverbrauchs". Der umfassende Bericht "Denmark's Nature and Environmental Policy" (Kopenhagen 1995) hat eine übergreifende planerische Bedeutung für die verschiedenen Politikfelder. Die Regierung hat einen speziellen nationalen Planungsbericht angekündigt. Die Stärke der dänischen Planung liegt eher auf der Ebene der sektoralen Fachplanung, etwa der Plan for the Aquatic Environment (1987), die Raumordnung auf der Basis des "Dänischen Planungsgesetzes" und sektorale Aktionspläne wie vor allem der Plan Energie 2000 (1990), der 1996 aktualisiert wurde (Energie 21). Kennzeichnend ist die Unterfütterung nationaler Fachpläne durch dezentral konkretisierte Planungen und ein starker technologiepolitischer Akzent. Der Energieplan, der das Ziel einer 20prozentigen Reduzierung der Kohlendioxid-Emissionen beibehält sowie Stromeinsparungen und eine umfassende Wärmeplanung einschließt, ist verbunden mit einer breiten Palette von Maßnahmen: von Vorschriften zur Kraft-Wärme-Kopplung bei der Stromerzeugung oder zum Höchstverbrauch von Haushaltsgeräten über Energiesteuern und Emissionsabgaben bis zu Vereinbarungen mit der Stromwirtschaft über die Nutzung von Stroh oder Windenergie. Ein breites Geflecht von Organisationen und Institutionen ist mit der Evaluierung von Einsparprozessen betraut.

Die dritte hier vorgeschlagene Kategorie betrifft den Grad der Institutionalisierung der nationalen Umweltplanung. Im Hinblick auf die Langfristigkeit des Ziels der nachhaltigen Entwicklung und entsprechender Ziele und Maßnahmen könnte dieser Aspekt die wichtigste Erfolgsbedingung nationaler Umweltplanung sein. So betont die OECD, daß die Frage der Institutionalisierung in dem Maße an Bedeutung gewinnt, wie der Zeitrahmen nachhaltiger Umweltplanung die Dauer von Legislaturperioden und Amtszeiten überschreitet (OECD 1995: 19). Institutionalisierung könnte den Unterschied ausmachen zwischen einmaligen Absichtserklärungen, die von einer Regierung angekündigt und von der nächsten verworfen werden, wie dem kanadischen Green Plan, und wirklichen Langzeitstrategien. Nicht zuletzt spielt die Frage der Institutionalisierung eine Rolle im Hinblick auf die wechselhafte öffentliche Aufmerksamkeit und Unterstützung für politische Themen (Downs 1972).

Folgende Fragen ergeben sich bei der dritten Kategorie: Hat der Umweltplan eine gesetzliche oder parlamentarische Grundlage, z.b. in einem Umweltrahmengesetz oder in Form eines bindenden Parlamentsbeschlusses, oder handelt es sich lediglich um einen Kabinettsbeschluß oder eine rechtlich nicht bindende Absichtserklärung der Regierung? Ist eine Planungsinstitution geschaffen oder eine bestehende Behörde mit der Koordination der Umweltplanung beauftragt worden? Sieht der Umweltplan eine Berichtspflicht sowie regelmäßige Evaluierungen des Planungsfortschritts vor? Sind die finanziellen Auswirkungen des nationalen Umweltplans dargelegt?

Aus *Tabelle 2* ist ersichtlich, daß lediglich in fünf Ländern die Umweltplanung in einem nationalen Gesetz festgeschrieben ist. Dies ist der Fall in den Niederlanden, Japan, Südkorea, Neuseeland und Portugal. In Portugal wurde die Erstellung eines nationalen Umweltplans bereits 1987 im Umweltbasisgesetz (Artikel 27 b) festgeschrieben. Ein Ministerialerlaß vom April 1990 legte den Zeitplan sowie die Ausgestaltung des Planes fest. Zudem hat der Plan selbst Gesetzeskraft und wurde im März 1995 im portugiesischen Gesetzblatt veröffentlicht (Carius 1996, Nunes Correia 1996). In den Niederlanden hingegen fand die gesetzliche Verankerung der nationalen Umweltplanung erst 1993 - vier Jahre nach der Veröffentlichung des ersten NEPP - statt.

Japan:

Japan hat - ähnlich wie Südkorea - eine lange Tradition indikativer Langzeitplanung. Das Basic Environment Law von 1993 (Art. 14) sieht einen Grundlagenplan zur Umweltverbesserung vor ("in order to comprehensively and deliberately promote the policies for environmental conservation"). Er soll die langfristige Grundlinie und Einzelmaßnahmen festlegen. Für den Entwurf ist der Premierminister zuständig, der den Zentralen Umweltrat (Central Environmental Council) konsultiert. Der erste Plan wurde Ende 1994 vom Kabinett beschlossen (The Basic Environment Plan). Er faßt andere Fachpläne zusammen und formuliert Ziele meist grundsätzlich und qualitativ, übernimmt aber quantitative Ziele vorhandener Pläne und Gesetze. Der zentrale Umweltrat hat die Implementation des Plans jährlich zu evaluieren. Nach fünf Jahren ist eine Revision vorgesehen. Im Sinne der Agenda 21 werden allen wichtigen Organisationen und Institutionen, insbesondere Kommunen und Unternehmen, Aufgaben vorgegeben, die sie eigenverantwortlich regeln sollen. Ein auf dieser Basis 1995 formulierter spezieller Aktionsplan zur Reduzierung des Energie- und Umweltverbrauchs der Zentralregierung enthält 37 Zielvorgaben, elf davon quantifiziert. Die Regierung will damit anderen Akteuren mit gutem Beispiel vorangehen. Ende 1995 gab es 46 lokale Umwelt- und Klimaschutzpläne in Japan.

Tabelle 2: Ansätze nationaler Umweltplanung in entwickelten Marktwirtschaften

Land	GENAUIGKEIT UND RELEVANZ VON UMWELTZIELEN		PARTIZIPATION UND INTEGRATION BEIM PLANUNGSPROZESS				INSTITUTIONALISIERUNG DER UMWELTPLANUNG			
	Plantypus	Zielqualität	Federführende Behörde	Interpolicy Coordination	Partizipation	Legale/parl. Basis	Spezielle Institutionen	Berichte und Evaluationen	Finanzen	Status
Niederlande	detaillierter und umfassender Langzeitplan	50 strategische und über 200 spezifische Ziele mit Zeitvorgaben, unterteilt in 8 Themen und auf 9 Zielgruppen bezogen	Umweltministerium und drei weitere Ministerien	hoch; direkte Integration der Ressorts Wirtschaft, Verkehr und Landwirtschaft; Konsultation anderer Ministerien	freiwillige Vereinbarungen	parlamentarische Entscheidung (1990); gesetzliche Basis (1993)		jährliche Berichte, Umsetzungspläne alle vier Jahre, jährliche Ausführungsprogramme	Genaue Budgetierung	aktiv
Dänemark	nationale Nachhaltigkeitsstrategie und sektorale Pläne	Oberziele für Fach- und Regionalpläne	Regierung	ja	ja	parlamentarische Entscheidung		regelmäßige Berichte		aktiv
Finnland	Regierungsprogramm	qualitativ	Commission on Environment and Development; Regierung	teilweise	300 schriftliche Stellungnahmen		Finnish National Commission on Sustainable Development (1993), chaired by the Prime Minister			
Großbritannien	Nachhaltigkeitsstrategie	350 sehr allgemeine Verpflichtungen, wenige quantitative Ziele, institutionelle Veränderungen	Umweltministerium (DoE); 2 ministerielle Komitees	Konsultation mit allen Ministerien, Unterschrift der meisten Ministerien	NGOs (v.a. in der Sustainability Strategy von 1994)	nein	"Green Ministers" in jedem Ministerium; Ministerial Committee on the Env. (1992); Government's Panel on SD (1994); UK Round Table on SD; Citizen's Env. Initiative	jährliche Berichte, die auch neue Ziele formulieren; Umweltkapitel in den Jahresberichten aller Ressorts		aktiv

16 Bedeutung und internationale Tendenzen nationaler Umweltplanung

Land	GENAUIGKEIT UND RELEVANZ VON UMWELTZIELEN		PARTIZIPATION UND INTEGRATION BEIM PLANUNGSPROZESS				INSTITUTIONALISIERUNG DER UMWELTPLANUNG			
	Plantypus	Zielqualität	Federführende Behörde	Interpolicy Coordination	Partizipation	Legale/ parl. Basis	Spezielle Planungsinstitutionen	Berichte und Evaluationen	Finanzen	Aktueller Stand
Kanada	Plan	ca. 120 hauptsächlich qualitative Maßnahmen in 8 thematischen Sektionen	Umweltministerium (Environment Canada)	Priorities and Planning Cabinet Committee mit allen relevanten Ministerien (z.B. Finanzen, Industrie)	NGOs, Industrie, andere interessierte gesellschaftliche Akteure durch öfftl. Anhörungen nach Präsentation eines ersten Entwurfs	nein	Stärkung von Environment Canada	zwei Berichte	$ 3 Mrd. zusätzliche Finanzierung über 5 (später 6) Jahre	schrittweise aufgegeben
Frankreich	Aktionsplan und Programm administrativer Reform	Einige quantitative Ziele, größtenteils qualitative	Umweltministerium	hauptsächlich negative Koordination mit anderen Ministerien		parlamentarische Entscheidung (1990), ohne bindenden Charakter			nein	
Südkorea	detaillierter Langzeitplan	über 30 relevante quantitative Ziele	Umweltministerium; Regierung	Konsultation von Ministerien und Städten	schwach, aber vorgesehen	gesetzliche Grundlage (1990)	Planungsbüro des Umweltministeriums	Berichterstattung auf gesetzlicher Grundlage	genaue Budgetierung	aktiv
Neuseeland	Gesetz, Action Plan	Oberziele für Regional- und Lokalpläne	Umweltministerium; Regierung	nur mit dem Finanzministerium	Öffentlichkeitsbeteiligung, NGOs, wirtschaftliche Interessengruppen, Maoris	RMA ist gesetzliche Grundlage (1991)	nein	Environment 2010 Strategy: alle 4 Jahre		aktiv
Australien	Rahmenprogramm		Council of Australian Governments	Premierminister, Länderpremierminister				ja		
Singapur	allgemeiner Plan		Regierung	Konsultation anderer Ministerien	gesellschaftliche Akteure					aktiv

Bedeutung und internationale Tendenzen nationaler Umweltplanung

Land	GENAUIGKEIT UND RELEVANZ VON UMWELTZIELEN		PARTIZIPATION UND INTEGRATION DES PLANUNGSPROZESSES				INSTITUTIONALISIERUNG DER UMWELTPLANUNG			
	Plantyp	Zielqualität	Federführende Behörde	Interpolicy Coordination	Partizipation	Legale/ parl. Basis	Spezielle Planungs-institutionen	Berichte und Evaluationen	Finanzen	Aktueller Stand
Schweden	Programm / Action Plan	zahlreiche, auch quantitative Ziele	Environmental Protection Agency (EPA)	alle wichtigen Ministerien; Experten aus Stadtverwaltungen und Bezirken	keine Partizipation während Vorbereitungsphase	Parlamentsbeschlüsse		vorgesehen, allerdings ohne konkrete Umsetzungsfristen		aktiv
Österreich	umfassender Plan	472 v.a. qualitative Ziele	Umweltministerium; NUP-Komitee	Alle Ministerien	Sozialpartner	Parlamentsbeschluß (1997)	NUP-Komitee	alle 4 Jahre		
Japan	Programm/ Action Plan	hauptsächlich qualitativ, Verweise auf bestehende Ziele und Maßnahmen; Oberziele für weitere Maßnahmen	Regierung; Zentraler Umweltrat; Environment Agency	geplant, EIA für Policies	geplant	gesetzliche Basis im Basic Environment Law (1993)		jährliche Überwachung und Berichterstattung durch den Central Environment Council, Revision nach 5 Jahren	vage	aktiv
Portugal	umfassender Politikplan	qualitative, aber auch quantifizierte Ziele mit Umsetzungsfristen	Umweltministerium; Nationales Umweltamt; Regierung	Konsultation des Wirtschafts- und Sozialrat	öffentliche Debatte mit NGOs, Industrieverbänden, anderen gesellschaftlichen Akteuren, Städten und Kreisen, die teilweise zu Änderungen des Plans führten	gesetzliche Basis im Umweltbasisgesetz (1987)		Revision nach zwei Jahren (1997) vorgesehen	vage	verliert nach Regierungswechsel an Bedeutung
Schweiz	Nachhaltigkeitsstrategie	einige qualitative Ziele geplant	interdepartementale Kommission (IDARio); Regierung	vorhanden (20 verschiedene Bundesstellen) im IDARio, auch die relevanten Ministerien		Regierungsbeschluß (1997)	IDARio, Rat für nachhaltige Entwicklung	nein		

Der erste dänische Umweltplan von 1988 wurde durch einen bindenden Parlamentsbeschluß bestätigt. Parlamentarische Bestätigungen finden sich auch in Schweden und Österreich. Den Umweltplänen bzw. Nachhaltigkeitsprogrammen der meisten anderen Länder fehlt eine solche gesetzliche oder parlamentarische Basis.

Regelmäßige Berichte über den Fortschritt des Planungsprozesses sind in den meisten Ländern vorgesehen. Hinsichtlich der Qualität dieser Berichte bestehen jedoch große Unterschiede. In den Niederlanden werden langfristige Umweltziele "achieved through (...) specific measures that are formulated every four years in operational plans and implemented through annual rolling programmes" (vgl. Bennett im Anhang). Ein solcher revolvierender Prozeß bietet die institutionalisierte und regelmäßige Gelegenheit, die bisherigen Ergebnisse zu evaluieren sowie Ziele und Maßnahmen falls nötig anzupassen. Auch die britische Strategie ist im Hinblick auf die regelmäßige Berichterstattung interessant, da sie sowohl jährliche nationale Berichte als auch Umweltkapitel in den Jahresberichten aller anderen Ministerien vorsieht (Wilkinson im Anhang). Ähnliche Berichtsformen finden sich - abgesehen von Neuseeland - in der norwegischen Finanzberichterstattung ("green budget").

Großbritannien gehört auch zu den Ländern, in denen eigenständige nationale Einrichtungen geschaffen und mit der Umweltplanung beauftragt wurden: das ministerielle Umweltkomitee ("Ministerial Committee on the Environment") von 1992 und der Regierungsrat für Nachhaltige Entwicklung ("The Government's Panel on Sustainable Development") von 1994. Darüber hinaus ist jedes Ministerium verpflichtet, einen "green minister" zu benennen. Diese letzte institutionelle Maßnahme könnte einen wichtigen Schritt in Richtung interpolicy cooperation darstellen.

Ähnlich den britischen "green ministers" wurde in Portugal in allen Fachministerien ein hochrangiger Beamter mit der umweltpolitischen Koordination seines Ressorts beauftragt. Mit der Evaluation und Kontrolle der Umsetzung des Planes wurde der Wirtschafts- und Sozialrat sowie der neu einzurichtende Sachverständigenrat für Umweltfragen beauftragt. Beide Institutionen sollen die Grundlage für eine Revision des Umweltplanes Ende 1997 erarbeiten (Nunes Correia 1996; Soromenho Marques 1995).

2.3 Defizite bisheriger Umweltpläne

Die meisten der hier untersuchten Umweltpläne haben den Charakter eines Pilotprogramms und weisen noch wesentliche Mängel auf. Oft enthalten sie eine unzulängliche wissenschaftliche Begründung umweltpolitischer Erfordernisse (Ziele). Die Zielqualität ist ebenfalls zumeist unzulänglich. Die Umweltziele sind überwiegend nur qualitativ formuliert, meist fehlen Zeitvorgaben und operative Konkretisierungen, oft steht der traditionelle Umweltschutz im Vordergrund. Nationale Stoff- und Ressourcenbilanzen sind fast nie Ausgangspunkt der Ziel-formulierung (Ausnahmen: der niederländische und österreichische Umweltplan). Die Verbindlichkeit der Planvorgaben ist zumeist gering (kein Gesetzesauftrag, keine institutionalisierten Berichtspflichten und Überprüfungsmechanismen). Der Plan ist in aller Regel nicht Ausdruck einer wirklichen Politikintegration im Hinblick auf Ressorts mit hoher Verursacherkomponente (Verkehr, Energie, Industrie, Bau, Landwirtschaft). Die meisten Pläne sind erst ein erster Schritt zu einer intersektoralen Kommunikation. Eine Reihe von Umweltplänen ist entweder unzureichend gesellschaftlich verankert (Frankreich, Südkorea) oder aber zu stark auf gesellschaftliche Selbsthilfe angelegt (Kanada, Japan), was die Gefahr anschließender "Erschöpfung" impliziert. Fast alle uns vorliegenden Umweltpläne verzichten auf eine detaillierte Restriktionsanalyse, die aus den Ursachen bisherigen Politikversagens Konsequenzen zu ziehen sucht.

3 Die fünf ausgewählten Fälle in systematischer Betrachtung

Der systematisch vergleichenden Analyse dieses Kapitels liegen die Umweltpläne bzw. Nachhaltigkeitsstrategien der Niederlande, Großbritanniens, Kanadas, Österreichs und der Schweiz zugrunde. Unter den ausgewählten Ländern finden sich drei Bundesstaaten (Kanada, Schweiz, Österreich), die insoweit eine höhere Vergleichbarkeit im Verhältnis zur Bundesrepublik haben. Die fünf Umweltpläne wurden nach den folgenden Kriterien untersucht: Prozeß und Einflußfaktoren der Planinitiierung, Akteure und Trägergruppen des Planerstellungsprozesses, Stellenwert der Planungsinstitution, Konflikte und Konfliktparteien bei der Planerstellung, Formen des Planerstellungsprozesses. Die Tabellen 3 bis 7 am Ende dieses Kapitels stellen diese Aspekte noch einmal im Überblick dar.

Zur raschen Orientierung werden die fünf Fälle nationaler Umweltplanung in separaten Boxen ausgewiesen. Dabei wird eine allgemeine Einordnung im Sinne der dargelegten Kriterien vorgenommen. Der Anhang zu diesem Gutachten enthält darüber hinaus einen ausführlicheren Bericht zu jedem dieser Länder.

3.1 Planinitiierung

Der folgende Abschnitt über die Planinitiierung umfaßt den Beginn und die Dauer des Planungsprozesses, wobei wir zwischen der formellen Dauer und der faktischen Dauer der Planerstellung unterscheiden. Bereits im Vorfeld der offiziellen Planerstellung gab es in den untersuchten Ländern Diskussionen über Zielbildung und regelmäßige Berichterstattung in der Umweltpolitik. Daher wurden relevante parallele politische Entwicklungen, umweltpolitisch relevante Strategien und Programme sowie alternative Planentwürfe ebenfalls untersucht und nachfolgend dargestellt.

3.1.1 Beginn und Zeitraum der Planerstellung

Hinsichtlich des Beginns des Planerstellungsprozesses können zwei Ländergruppen unterschieden werden: zum einen die dem Brundtland-Bericht folgenden Planungen der Niederlande, Großbritanniens und Kanadas, zum anderen die von der UNCED-Konferenz in Rio geprägten Planungen bzw. Nachhaltigkeitsstrategien Österreichs und der Schweiz.

In den Niederlanden, Kanada und Großbritannien dauerte der formale Planungsprozeß jeweils rund zwei Jahre, in Österreich drei Jahre (vgl. Dalal-Clayton 1996a), in der Schweiz vier Jahre. Der faktische Planungszeitraum, der Vorklärungen und erste Versuche einschließt, dauerte in Kanada fast drei Jahre, in Österreich rund fünf und in den Niederlanden rund sechs Jahre.

DAUER DER FORMELLEN PLANERSTELLUNG:

Niederlande:	1987-1989
Kanada:	1989-1990
Großbritannien:	1989-1990
Österreich:	1992-1995
Schweiz:	1993-1997.

3.1.2 Vorlauf und allgemeiner Kontext

Die Erstellung nationaler Umweltpläne war in den untersuchten Staaten kein losgelöster politischer Prozeß, sondern fügte sich ein in den (umwelt)politischen Kontext des jeweiligen Landes.

So basierte der erste Umweltplan in den Niederlanden auf der Planungsphilosophie der 70er Jahre, die 1981 in die strategische Konzeption einer Integration des Umweltrechts in andere Rechtsgebiete mündete. Die Regierung legte dem Parlament bereits 1983 einen ersten umweltpolitischen Integrationsplan vor, den das Parlament 1984 nach einer Überarbeitung als Planungskonzept verabschiedete.

In Großbritannien beruhte der "Vorlauf" eher in langjährigen Defiziten der Umweltpolitik, die im Juni 1989 zu dem Überraschungserfolg der Grünen - mit einem Stimmenanteil von 15 Prozent - bei den Europawahlen führten.

In Kanada hat vor allem die Arbeit der Brundtland-Kommission Einfluß auf den Planungsvorlauf gehabt. Eine von der Regierung eingesetzte National Task Force on Environment and Economy, ein Gremium, das sich aus verschiedenen politischen Akteuren zusammensetzte, legte 1988 ein Policy Paper vor, welches den Brundtland-Bericht in den kanadischen Kontext stellte. Parallel spielte das sogenannte "Greenprint for Canada Committee", ein Zusammenschluß der größten kanadischen Umweltverbände, im Vorfeld eine wichtige Rolle. Es legte 1988 nach sechsmonatiger Planungsphase einen alternativen Umweltplan vor, der von einem breiten Konsens in der Umweltbewegung getragen wurde.

In Österreich geht die Erstellung des Umweltplanes u.a. auf einen längeren innerministeriellen Reflexionsprozeß im Umweltministerium seit 1990 über eine mögliche Neukonzipierung seiner Politik zurück.

In der Schweiz wurde das ausdifferenzierte System sektoraler Fachplanungen 1987 durch ein fünfjähriges Regierungsprogramm ergänzt, das dem Leitbild des qualitativen Wachstums entsprach. Die Volksabstimmung von 1990 über ein Kernkraftmoratorium führte 1991 zur Vorlage eines Programms Energie 2000. Der wissenschaftliche Bericht "Globale Erwärmung und die Schweiz" hatte die

Einrichtung einer zusätzlichen interdepartementalen Arbeitsgruppe zu Fragen des Klimawandels zur Folge.

Box 1: Niederlande

Nach Zielqualität, Verbindlichkeit und Integrationsgrad ist die niederländische Umweltplanung im internationalen Vergleich die bisher weitestgehende und zugleich für den globalen Diffusionsprozeß einflußreichste. Der auf breiter gesellschaftlicher Basis diskutierte erste Nationale Umweltpolitikplan von 1989 (To Choose or to Loose: National Environmental Policy Plan, VROM 1989), 1990 ergänzt als NEPP Plus (VROM 1990), war der erste seiner Art und enthielt eine detaillierte statistische Beschreibung der Umweltsituation und ihrer Entwicklungstendenz. Seine Besonderheit ist der Umfang verbindlich formulierter, terminierter und finanziell kalkulierter Zielvorgaben (200 Einzelziele), die Breite der aktiv beteiligten wirtschaftlichen Ressorts (Umwelt, Verkehr, Wirtschaft und Landwirtschaft) und das Ausmaß der Beteiligung gesellschaftlicher Akteure. Zuständig ist ein Lenkungsausschuß aus Spitzenbeamten der wichtigsten Ministerien und des Amtes des Premierministers sowie eine beratende Umweltkommission. Die wissenschaftlichen Planungsgrundlagen erstellt das Nationale Institut für Öffentliche Gesundheit und Umweltschutz (RIVM). Das Umweltmanagementgesetz von 1993 macht nationale und provinziale Vierjahrespläne verbindlich, für freiwillige lokale Pläne wird die Struktur vorgegeben. Die Erfolge wurden im zweiten Umweltplan (National Environmental Policy Plan 2. The Environment: Today's Touchstone, VROM 1993) evaluiert und die Ziele teilweise neu bestimmt. Die Pläne enthalten also einen Mechanismus der Überprüfung. Wichtig ist die Unterfütterung der nationalen Planung durch ein System sektoraler und dezentraler Planungen. Für Energie, Verkehr, Wasserwirtschaft, Landwirtschaft, Naturschutz und Raumordnung wurden sektorale Pläne vorgelegt. Freiwillige Vereinbarungen (covenants) mit Industriezweigen (target groups) stellen mit der Verbindlichkeit ihrer Zielbestimmung eine hochentwickelte Sozialtechnologie dar, die eine wesentliche Innovation des niederländischen Ansatzes bildet. Das inzwischen bestehende System industrieller Selbstverpflichtungen ist auch dann beachtlich, wenn seine Evaluierung durch den Rechnungshof nur 106 der untersuchten 154 "covenants" als zufriedenstellend einstufte (Tweede Kamer 1995). Interessant ist nicht zuletzt der technologische Innovationseffekt der Umweltplanung: ab 1989 hat der Einsatz umweltfreundlicherer Technologien ("clean technologies") in den Niederlanden stark zugenommen. Als Problem wird angesehen, daß eine Reihe neuerer staatlicher Infrastrukturinvestitionen mit Planvorgaben kollidieren (weshalb z.B. das CO_2-Ziel bisher verfehlt wurde).

3.1.3 Anstoß zur Planerstellung

Hier ging es vor allem um die Frage, ob sich der Anstoß zur Planerstellung aus dem nationalen umweltpolitischen Kontext ergab oder durch externe, internationale politische Faktoren erfolgte. Wesentlich waren die Trägergruppen (auf die in Punkt 3 dieses Kapitels noch ausführlicher eingegangen wird). Gefragt wurde auch, ob bzw. in welchem Maße der Prozeß der Planerstellung staatlich initiiert ("top-down") oder auf gesellschaftliche Aktivitäten zurückzuführen war ("bottom-up"). Schließlich wurde der Einfluß situativer Faktoren untersucht.

In der Regel bildet den Anstoß der behandelten Umweltplanungen eine Kombination aus drei Faktoren:
– spezielle Konstellationen der nationalen Umweltpolitik,
– eine aktive, tendenziell aufsteigende Umweltbewegung und
– als Auslösungsfaktor ein internationaler umweltpolitischer Anstoß (Brundtland-Bericht, Agenda 21, in einem Fall auch das 5. Umweltaktionsprogramm der EU).

Der situative Kontext war relativ günstig. Die Wirtschaftslage war vergleichsweise positiv und wirkte sich (nach Befragung) nur für die Schweiz als situatives Hemmnis aus. Das allgemeine umweltpolitische Klima in den späten 1980er und frühen 1990er Jahren war weitergehenden Initiativen überaus förderlich. Beeinflußt wurde es durch international bekannte Umweltkatastrophen (Bhopal, Exxon Valdez, Sandoz, Tschernobyl), die in der Öffentlichkeit eine besondere Sensibilität für Umweltthemen hervorriefen und den Umweltschutz zu einem hochgradig politischen Thema werden ließen.

In allen fünf Plänen wird der Einfluß der Brundtland-Kommission bzw. der Rio-Konferenz durch explizite Bezugnahme deutlich. Der österreichische NUP verweist auch auf das 5. Umweltaktionsprogramm der EU.

Der erste niederländische Umweltplan, der eigentlich schon 1987 verabschiedet werden sollte und aufgrund von Widerständen in anderen Ressorts immer wieder verschoben wurde, geht klar auf eine Initiative des Umweltministeriums zurück, die in eine Zeit starker öffentlicher Beunruhigung über die Umweltsituation fällt. Auch die Publikation, die einen wesentlichen Anstoßeffekt hatte, der 1988 vorgelegte Umweltbericht des RIVM "Concern for Tomorrow" ging auf das Umweltministerium zurück. Die Planerstellung hatte also weitgehend strategische Dimensionen, war aber erst erfolgreich, nachdem der Widerstand gegen den Plan durch Wahlentscheid (1989) gebrochen wurde.

> **Box 2: Großbritannien**
>
> Das 1990 unter dem Titel "White Paper: This Common Inheritance: Britain's Environmental Strategy" veröffentlichte Programm ist ein Plan von allenfalls mittlerer Zielqualität und Verbindlichkeit. Es enthält eher die Darstellung von Problemen und Optionen als von konkreten Zielen, Maßnahmen und Zeitvorgaben, zielt aber u.a. auf die Stabilisierung und anschliessende Reduzierung des Ressourceneinsatzes ab. Die interministerielle Integration und auch die Partizipation gesellschaftlicher Akteure ist institutionell relativ gut verankert. Das britische Programm war nach dem niederländischen und dem dänischen das erste Konzept dieser Art in Europa. Im Zeichen starker Erfolge der Grünen bei der Europawahl 1989 ergriff ein sachlich motivierter Minister die Initiative, (anfangs) unterstützt durch die Premierministerin. Es bestanden zwei interministerielle Kommissionen, eine bestehend aus 14 Kabinettsmitgliedern und geleitet vom Premier, eine unter Leitung des Umweltministers. Konflikte gab es vor allem mit dem Agrarministerium, aber auch mit dem Transportministerium (das dann allerdings Kompromisse hinsichtlich der Kostenbelastung von Autofahrern machte). Das Programm "Sustainable Development. The UK Strategy", Ergebnis einer breit geführten öffentlichen Debatte, wurde 1994 als eigenständiger Planungsvorgang vor allem von den Ministerien für Umwelt, Verkehr, Landwirtschaft, Äußeres und Verteidigung erarbeitet; Unternehmen, NGOs und Lokalverwaltungen waren am Diskussionsprozeß beteiligt. Es enthält den Grundsatz, daß die Nachfrage nach Wasser, Energie, Mineralien und Transporten reduziert werden muß. Drei neue Institutionen wurden geschaffen: The Government's Panel on Sustainable Development, UK Round Table on Sustainable Development (35 Vertreter relevanter Organisationen unter Vorsitz des Umweltministers) und Citizen's Environment Initiative (später "Going Green"). Die jährlichen Follow-Up-Berichte zum White Paper betreffen viele hundert Einzelziele und formulieren zusätzliche Aufgaben für das laufende Jahr. Darüber hinaus wurden Berichte zur nachhaltigen Entwicklung erarbeitet. Unabhängig davon haben 70% der britischen Lokalverwaltungen begonnen, eine lokale Agenda 21 zu entwickeln (Wilkinson im Anhang, Weale 1997).

Der Prozeß der Erstellung des "White Paper: This Common Inheritance" wurde in Großbritannien angestoßen durch eine Rede der damaligen Premierministerin Margret Thatcher vor der Royal Society im September 1988 und auf dem Parteitag der Konservativen im Oktober 1989 von Umweltminister Chris Patten aufgegriffen. Die "Sustainable Development Strategy" wurde im wesentlichen durch die Verpflichtung des nachfolgenden Regierungschefs John Major auf dem Rio-Gipfel initiiert.

In Kanada stellten die Arbeit und die Ergebnisse der Brundtland-Kommission sowie die persönliche Rolle des kanadischen Politikers Maurice Strong als Präsident der Brundtland-Kommission (und Jim MacNeills als Generalsekretär) wesentliche Anstöße zur Planerstellung dar, ebenso die Serie öffentlicher Anhörungen der Kommission in Kanada. Intern war der kanadische Green Plan zunächst die Idee des damals neuen Umweltministers Bouchard, der, unterstützt durch den Regierungschef, darin die Möglichkeit der persönlichen Profilierung und Schaffung eigener Handlungskompetenzen seines Ministeriums sah. Zum anderen traf bereits der Bericht der "Task Force on Environment and Economy" von 1988 auch auf das Interesse einer anwachsenden Umweltbewegung, die relativ schnell einen eigenen Entwurf eines Umweltplanes erarbeitete und damit die kanadische Regierung unter Handlungsdruck setzte. Dieser positive Grundtenor für eine strategische Ausrichtung der Umweltpolitik wurde auch durch das zunehmende Interesse der Industrie an der Umweltpolitik und ihren Willen zur Förderung von Umweltschutzmaßnahmen deutlich.

Der österreichische Umweltplan war zwar bereits im Umweltministerium - unter dem konkreten Einfluß des niederländischen Vorbilds - "vorgedacht" worden. Aber die Rio-Konferenz bildete den offiziellen Anstoß für den diesbezüglichen Kabinettsvortrag der Umweltministerin (Juni 1992). Wie in den Niederlanden wurde explizit auf wissenschaftliche Expertisen bei der Erstellung des Umweltplanes zurückgegriffen. Die Umweltbewegung wurde in der Startphase des Plans ausdrücklich - im Interesse von Konsensbildungsprozessen mit anderen Organisationen - ausgeklammert, bildete aber ebenso wie das allgemeine öffentliche Umweltbewußtsein eine wesentliche situative Hintergrundbedingung.

Auch in der Schweiz bildete der Auftrag des Bundesrates - im Lichte der Rio-Konferenz - den Anstoß zur Erstellung eines Umweltplanes. Auch hier war das umweltpolitische Klima zunächst sehr günstig. Die Schweiz hat - wie die Niederlande - einen hohen Organisations- und politischen Integrationsgrad der Umweltbewegung (Knoepfel 1997). Volksabstimmungen zu Energie- und Verkehrsfragen hatten einen vergleichsweise günstigen Ausgang. Die Handlungsbereitschaft der Regierung zeigte sich bereits in mehreren umweltpolitischen Initiativen und Programmen. Zudem wurde das nationale Umweltgesetz und das Energierecht novelliert und der Schutz der natürlichen Lebensgrundlagen als eines der fünf Ziele der schweizerischen Außenpolitik festgeschrieben.

3.2 Akteure des Planerstellungsprozesses

Bei der Analyse der Akteure des Planerstellungsprozesses ging es zum einen um die Rolle der staatlichen und nichtstaatlichen Trägergruppen, zum anderen um die institutionellen Mechanismen unter besonderer Berücksichtigung von Parlament und Regierung.

3.2.1 Trägergruppe des Planungsprozesses

Für den Vorlauf des Planungsprozesses ist eine informelle Trägergruppe kennzeichnend, zumal dann, wenn nicht (wie in den Niederlanden, Großbritannien und Kanada) der Umweltminister selbst die treibende Kraft ist. Ihre Funktion ist die wichtige Vorabklärung des Planungsprozesses.

In den Niederlanden gab es eine lange vorbereitende Phase, die vom Umweltministerium getragen wurde. Der wissenschaftliche Input des Nationalen Instituts für Öffentliche Gesundheit und Umweltschutz (RIVM) war hierbei überaus wichtig. Die Planabstimmung selbst fand zwischen den Ministerien und im Kabinett statt und führte nach anfänglichen Konflikten zu einer gemeinsamen Vorlage von vier Ministerien. Zur Vorbereitung wurden Anhörungen mit relevanten Zielgruppen (inkl. Verursacherbranchen) durchgeführt. Im weiteren Verlauf wurde ein interministerieller Lenkungsausschuß gebildet, der sich aus den Generaldirektoren oder leitenden Beamten der wichtigsten Ministerien (Umwelt, Landwirtschaft, Verkehr, Wirtschaft, Finanzen, Äußeres und des Beraterstabes des Ministerpräsidenten) zusammensetzte.

Box 3: Kanada

Stark beeinflußt vom Brundtland-Bericht (1987), wurde in Kanada im Zeichen einer entsprechenden gemeinsamen Aktivität von Umweltverbänden (Greenprint for Canada, 1988) und eines längeren Diskussionsprozesses 1990 der Green Plan for a Healthy Environment (Government of Canada 1990) beschlossen, der eine mittlere Zielqualität, relativ starke Partizipation, aber geringe Verbindlichkeit und (interministerielle) Interessenintegration aufweist. Die Konsensbildung erfolgte unter breiter Beteiligung von Bürgern und Organisationen; mehr als 10.000 Personen waren beteiligt. Der dem Kabinett im Januar 1990 vorgelegte Plan stieß aber auf starken Widerstand anderer Ressorts (Wirtschaft, Außenhandel, Finanzen) bei gleichzeitiger Kritik durch Umweltverbände und Öffentlichkeit. Der Plan postulierte die Integration von Umweltzielen in andere Politikfelder, ohne die Widerstände von Verwaltungen wirklich zu überwinden. Sechs bevorzugte Handlungsfelder wurden behandelt, von der herkömmlichen Luftreinhaltung über den Artenschutz bis zur Förderung erneuerbarer Ressourcen. Nach einem Machtwechsel (1993) verlor der Plan als solcher weitgehend an Bedeutung. 1994 wurde allerdings vom Umwelt- und Industrieminister eine "Strategy for the Canadian Environmental Industry" vorgelegt. 1995 beschloß die neue Bundesregierung das Programm "Guide to Green Government" zur ökologischen Neuorientierung der Regierungstätigkeit. Es enthält Maßnahmen zur Einsparung von Energie und Wasser, zur Abfallreduzierung, zu Umweltentlastungen im Verkehr und zur Förderung umweltfreundlicher Produkte.

In Großbritannien waren bei den beiden hier behandelten Politikplänen zwei unterschiedliche Vorgehensweisen und Trägergruppen zu beobachten. Im Rahmen des White-Paper-Prozesses wurde eine gesonderte Abteilung im Umweltministerium geschaffen, die, wie oben beschrieben, die Stellungnahmen anderer Behörden einholte. In diesen Ressortberichten wurden die umweltpolitischen Auswirkungen der Fachpolitiken bewertet. Darüber hinaus wurden zwei weitere interministerielle Komitees eingerichtet, eines unter dem Vorsitz der Regierungschefin, ein weiteres unter dem Vorsitz des Finanzministers (Intra-governmental Group on Environmental Economics). Im Rahmen der Sustainable Development Strategy war das Umweltministerium federführend für die Planerstellung und koordinierte den Meinungsbildungs- und Entscheidungsprozeß zwischen den einzelnen Ressorts, wobei die Abstimmung entweder bilateral oder in der Kabinettsrunde getroffen wurde. Der Premierminister und das Kabinett mußten den Ergebnissen zustimmen.

In Kanada war für den Planerstellungsprozeß der Umweltminister verantwortlich. Treibende Kraft war eine kleine Dreiergruppe, bestehend aus ranghohen Vertretern seines Ministeriums, darunter der stellvertretenden Umweltminister (Good). Die Abteilung für Politikplanung des Ministeriums erstellte das Gerüst des Planes und legte die Erstellung des Planes als breiten, konzertierten Prozeß an. Tatsächlich war die breite formelle Partizipation durch öffentliche Anhörungsverfahren (siehe weiter unten) von dem eher geschlossenen verwaltungsinternen Prozeß der Planerstellung weitgehend abgekoppelt. Zwar wurden bei der Vorbereitung des Planes zwei wesentliche beratende Institutionen geschaffen, das Winnipeg Centre und der National Round Table (siehe oben), jedoch wurden diese bereits 1990 bei der Planerstellung nicht mehr ausreichend beteiligt, was die Bedeutung und breite Akzeptanz des Planes schmälern sollte. Zudem verwies das Finanzministerium aufgrund der Struktur des Planes als Budgetplan auf die Notwendigkeit der Geheimhaltung, was von vornherein den Grad der Beteiligung einschränkte.

In Österreich startete der Planungsprozeß mit einer informellen Trägergruppe aus Beamten des Umweltministeriums und Grazer Umweltwissenschaftlern. Nach der offiziellen Beauftragung der Umweltministerin entstanden Koordinierungsgremien auf drei Ebenen mit unterschiedlichen Aufgaben. Das NUP-Komitee besteht aus jeweils einem Vertreter des Kanzleramtes, der einzelnen Ministerien, der Bundesländer und der fünf großen Interessenvertretungen unter dem Vorsitz des Umweltministeriums. Das NUP-Sekretariat wurde für die Koordination der sieben NUP-Arbeitskreise eingerichtet, die verursacherbezogen sektoral gegliedert sind. Die Teilnehmer der Arbeitskreise werden von den Mitgliedern des NUP-Komitees nominiert. Hier erfolgt die Einbeziehung weiterer Interessengruppen.

Abb. 1: Struktur des NUP-Komitees

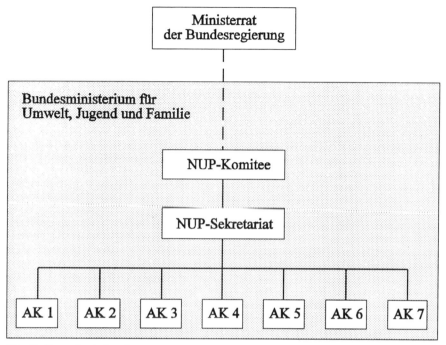

(**Quelle**: Payer, im Anhang)

In der Schweiz konstituierte sich der IDARio-Ausschuß aus Vertretern von 17 Bundesämtern. Der Vorsitz wechselt zwischen dem BUWAL (als treibender Kraft), der Direktion für Entwicklung und Zusammenarbeit und dem Bundesamt für Außenwirtschaft. Für die Planerstellung wurden sieben interdepartementale Arbeitskreise zu den Themen Waldschutz, biologische Vielfalt, Klimaschutz, Technologietransfer- und kooperation, kohärente Gesetzgebung, Steuerung und Internalisierung sowie Umwelt und Handel eingerichtet. Als Folge einer Revision dieser Struktur im Jahre 1996 blieben hiervon nur vier übrig (Wald, biologische Vielfalt, Klima, Umwelt und Handel). Eine Kontaktgruppe der IDARio stellt die Verbindung zu wichtigen Interessengruppen her. In den Arbeitskreisen sind neben den Vertretern der Bundesverwaltungen auch die nichtstaatlichen Organisationen vertreten.

Abb. 2: Struktur des IDARio

Organisation und thematische Arbeitsgruppen des Interdepartementalen Ausschusses IDA-Rio

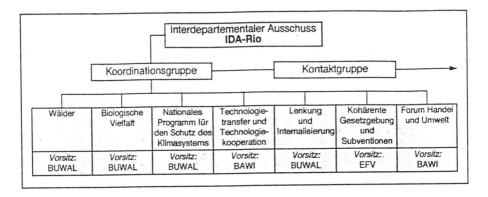

Aus: 2 Jahre nach Rio - Schritte zu einer nachhaltigen Schweiz. Tagung vom 23. Juni 1994 in Bern. Umweltmaterialien Nr. 27, 1994, Hrsg.: Bundesamt für Umwelt, Wald und Landschaft (BUWAL), Bern.

Ein Vergleich der einzelnen Trägergruppen zeigt, daß die Architektur des Planes in den jeweiligen Umweltministerien erarbeitet wurde und andere Ressorts in unterschiedlichem Maße bereits bei der Planinitiierung beteiligt wurden. In Kanada war der Einfluß der anderen Ressorts in der Frühphase der Planerstellung nur sehr gering. In Österreich, der Schweiz, Großbritannien und den Niederlanden bildete man schon zu Beginn interministerielle Arbeitsgruppen oder stimmte das Konzept des Planes im Kabinett ab. In den Niederlanden und Österreich wurden wissenschaftliche Einrichtungen bei der Planerstellung stark beteiligt. Beide Faktoren scheinen sich positiv auf die spätere Akzeptanz des Umweltplanes ausgewirkt zu haben.

> **Box 4: Österreich**
>
> Der österreichische Nationale Umweltplan (NUP) von 1995 ist ein Plan mittlerer Zielqualität mit - bisher - geringer bis mittlerer Verbindlichkeit und Integration. Er verdient aber wegen seiner Differenziertheit Interesse. An seinem Zustandekommen war eine Vielzahl von Organisationen und Institutionen beteiligt. Die Vorarbeiten begannen offiziell im Jahr der UNCED-Konferenz von Rio (1992) mit einem Regierungsauftrag an das Umweltministerium, gehen aber bereits auf Reformbestrebungen im Umweltministerium seit 1990 zurück. Initiativfunktion hatte eine informelle Gruppe von Beamten des Umweltministeriums und Grazer Umweltwissenschaftlern. In einem ersten Schritt wurden 134 vorhandene Umweltprogramme und -ziele zusammenfassend dargestellt. Die Organisation des Planungsprozesses lag bei einem NUP-Komitee - zusammengesetzt aus Vertretern von Ministerien, interessierten Bundesländern und Verbänden - mit sieben verursacherbezogenen Arbeitskreisen. Kernelemente des Planes sind langfristige Qualitätsziele und Konzepte zur schonenden Nutzung erschöpfbarer Ressourcen und zur Minimierung von Stoffströmen. Die 20prozentige Reduzierung der Kohlendioxid-Emissionen bis zum Jahr 2005 (gegenüber 1988) gehört zu den ambitionierten Zielen. Wie folgenreich dieser Plan sein wird, bleibt abzuwarten. Zunächst war er ein Beschluß des Ministerrates, im März 1997 erhielt er die Zustimmung des Parlamentes. Zweijährige Berichte (bisher ohne Berichtspflicht) an das die Umsetzung begleitende Nationale Komitee sind im Plan ebenso vorgesehen wie die Revision nach vier Jahren. Auch das Umweltbundesamt soll die Umsetzung der Ziele evaluieren. Umweltverbände und Öffentlichkeit spielten bei der Planerstellung eine vergleichsweise geringere Rolle als die neo-korporatistische Institution der Sozialpartnerschaft. Das Bundesland Oberösterreich hat einen eigenen Umweltplan (1995) - als "Orientierungsrahmen" der Landesregierung - mit 181 Einzelzielen.

3.2.2 Rolle der Umweltverbände

Außer in Kanada wurden in allen untersuchten Staaten bereits bei der Planformulierung nichtstaatliche Akteure beteiligt. Dies entspricht der partizipativen Philosophie der Agenda 21. In zwei Ländern legten Umweltverbände spezielle Umweltpläne vor. Dies gilt insbesondere für die im Auftrag des niederländischen Verbandes von Friends of the Earth erstellte Studie "Sustainable Netherlands" (Milieudefensie 1992). Hier wird die Frage konkret behandelt, wie die holländische Gesellschaft im Jahre 2010 aussehen kann, wenn der verfügbare "Umweltraum" gleichmäßig in der Welt verteilt wird und zugleich eine Effizienzrevolution stattgefunden hat. Die Umweltverbände und andere nichtstaatliche Akteure waren an der Erstellung des Umweltplanes beteiligt. Ihr Einfluß beschränkte sich nicht nur auf die Beteiligung am Zielfindungsprozeß sondern auch an den Umsetzungsplanungen.

Wie schon erwähnt, hatte auch das kanadische "Greenprint for Canada Committee" 1988 einen alternativen Umweltplan vorgelegt. Im Gegensatz zu den Niederlanden führte dies allerdings nicht zu einer Integration der Umweltverbände in den Planungsprozeß, sondern war eher ein Grund, sie bei der Erstellung des Planentwurfs im Interesse der eigenen Profilbildung des Ministeriums auszuschließen. In Kanada wurden die Umweltverbände erst in den öffentlichen Anhörungsverfahren formell beteiligt, ohne daß deren Kritik in der endgültigen Fassung des Planes nennenswerte Berücksichtigung fand. Lediglich in einer Evaluation des Green Plans wurden einzelne Positionen dem alternativen Entwurf der Umweltverbände gegenübergestellt. Gleichfalls ohne großen Einfluß blieben die wissenschaftlichen Einrichtungen, obwohl diese auf der internationalen Ebene bei Fragen des Zusammenhangs zwischen Umwelt und internationalem Handel, der Implementation der Agenda 21 und der umweltrelevanten Entwicklungszusammenarbeit einen maßgeblichen Beitrag leisteten.

In Großbritannien hat das Umweltministerium alle wichtigen britischen Umweltverbände am Planungsprozeß des White Papers formal beteiligt. Die Sustainable Development Strategy sah eine Öffentlichkeitsbeteiligung auf den verschiedenen Planungsstufen vor, wobei auf die im Rahmen des White-Paper-Prozesses gegründeten Institutionen zurückgegriffen wurde. In Round Tables mit mehr als 40 Anhörungen und Debatten wurde eine inhaltliche Beteiligung angestrebt.

Im Gegensatz zu den fünf großen Interessenverbänden (Bundeskammer der gewerblichen Wirtschaft, Gewerkschaftsbund, Bundeskammer für Arbeiter und Angestellte, Präsidentenkonferenz der Landwirtschaftskammern Österreichs und Österreichischer Industrieverband) wurden die österreichischen Umweltverbände in der Frühphase der Planung absichtlich nicht beteiligt (s.o.). Für den gesamten Prozeß spielten sie aber eine nicht unwichtige Rolle und waren in sechs von sieben Arbeitskreisen des NUP-Komitees vertreten.

Die schweizerischen Umweltverbände wurden ebenso wie Vertreter aus Wirtschaft, Wissenschaft und Entwicklungszusammenarbeit über die Kontaktgruppe des IDARio-Ausschusses in den Planerstellungsprozeß einbezogen.

3.3 Konflikte bei der Planerstellung

Der eigentlich kritische Punkt in der Erstellung (und Implementation) eines nationalen Umweltplanes ist es, die wirtschaftsnahen "anderen" Ressorts und ihre Klientel in den Prozeß zu integrieren. Dabei geht es darum, ein weithin akzeptables Maß an Umweltzielen in diesen Abstimmungen zu sichern, wenn der Plan nicht - wie in Kanada und teils in Österreich - von den umweltbewußten Teilen der Öffentlichkeit verworfen werden soll. Im Sinne der Agenda 21 kommt es darüber hinaus darauf an, die wirtschaftsnahen Ressorts und ihre Klientel zu eigenverantwortlichen Beiträgen zum langfristigen Umweltschutz zu veranlassen. Ein nationaler Umweltplan hat seine Bedeutung nicht zuletzt darin, die traditionell additive Rolle von Umweltpolitik durch intersektorale Querschnittsstrategien zu überwinden. Dabei erweisen sich die Bereiche Verkehr, Energie,

Bau und Landwirtschaft in aller Regel als besonders widerständig (Jänicke/ Weidner 1997).

In den Niederlanden kam es zu erheblichen (auch parteipolitischen) Widerständen. Die Hinauszögerung des Planbeschlusses von 1987 bis 1989 ist dafür ebenso kennzeichnend wie der Sturz der Regierung eben wegen der Vorlage des NEPP (1989). Die Widerstände kamen aus den Bereichen Verkehr (wegen zusätzlicher Kosten für Autofahrer), Wirtschaft (zuständig für Energie) und Landwirtschaft. Da der Plan ausdrücklich erhebliche Kosten implizierte (400 Mrd. NFL bis 2015), gehörte besonders der liberale Finanzminister Ruding zu den Opponenten. Die Kabinettsdisziplin zugunsten des Plans wurde - im Zeichen einer starken öffentlichen Umweltbesorgnis - nach intensiven interministeriellen Verhandlungen zu Lasten der Liberalen hergestellt. Deren Wahlverluste und der Koalitionswechsel im gleichen Jahr waren ein wesentlicher Faktor der Vereinheitlichung der Regierungsposition. Nach einem zögernden Start konnten auch die wichtigsten Industrien in diesen Prozeß einbezogen werden, was der speziellen konsensual-konsultativen Kultur der niederländischen Politik zu verdanken ist. Die Fortexistenz von Widerständen und gegenläufigen Planungen ist aber zumindest im Transportbereich erkennbar.

In Großbritannien kam es - wie in anderen Ländern auch - zu Widerständen gegen eine Energiesteuer (Treasury Department) und gegen eine Belastung der Autofahrer. Erfolgreiche Opposition gab es auch vom Agrarministerium. Einen Teilerfolg konnte das britische Umweltministerium bei der Aushandlung der Sustainable Development Strategy verbuchen, bei der das Verkehrsministerium eine Verteuerung des Individualverkehrs grundsätzlich anerkannte.

In Kanada hatte die Opposition - bestehend aus anderen, zunächst kaum konsultierten Ministerien - auch das Motiv, den Bedeutungsgewinn des Umweltministeriums zu bremsen (was nur teilweise gelang). Der Widerstand wurde teils dadurch abgemildert, daß das Dreimilliarden-Programm überwiegend nicht dem Umweltministerium zugute kam. Gegen die Kohlendioxidsteuer wurde auch aus den diesbezüglich betroffenen Provinzen - speziell Alberta - erfolgreich opponiert.

In Österreich wurden entstehende Konflikte meist innerhalb der verursacherbezogenen Arbeitskreise des NUP überwunden, oft auch bilateral zwischen Arbeitskreisleiter und Zielgruppe. Konfliktentschärfend wirkte nicht zuletzt die Tatsache, daß von Anfang an ein relativ "weiches" Konzept Gegenstand des Planungsdiskurses war (Payer im Anhang). Auf dieser Basis kam es allerdings auch zu einem relativ breiten Konsens über Problemlagen und (allgemeine) Handlungserfordernisse. Der Prozeß einer wirklichen interministeriellen Abstimmung steht (nach Interviewauskunft vom österreichischen BMU) erst noch bevor.

> **Box 5: Schweiz**
>
> Im Auftrag des Bundesrates wurde 1993 ein "Interdepartementaler Ausschuß IDARio" eingesetzt, dem die Zuständigkeit für Ausrichtung und Koordination aller Folgearbeiten der UNCED-Konferenz übertragen wurde und in dem 20 Bundesämter vertreten sind (darunter die Ministerien für Verkehr, Energie und Wirtschaft). Der Vorsitz wechselt zwischen dem Bundesamt für Umwelt, Wald und Landwirtschaft (BUWAL), der Direktion für Entwicklung und Zusammenarbeit und dem Bundesamt für Außenwirtschaft. Ein IDARio-Bericht "Nachhaltige Entwicklung in der Schweiz", der eine Bestandsaufnahme über die Umsetzung der nachhaltigen Entwicklung in der Schweiz darstellt, zugleich aber programmatischen Charakter hat und Ziele formuliert, wurde vom Bundesrat erstmals 1996 zur Kenntnis genommen, eine aktualisierte Fassung 1997. Ziel war u.a. die Erhöhung der Ressourcenproduktivität, auch aus außenwirtschaftlichen Gründen. Konkrete Handlungsempfehlungen wurden z.B. zur Energiepolitik formuliert (es besteht - nach einer diesbezüglichen Volksabstimmung von 1990 - ein spezielles Aktionsprogramm Energie 2000). Eine ökologische Steuerreform zur Belastung des Ressourcenverbrauchs und zur Entlastung des Faktors Arbeit sollte abgeklärt werden. Dies wurde in den "Aktionsplan für die nachhaltige Entwicklung in der Schweiz" aufgenommen, der bis Frühjahr 1997 - geplant war 1995 - von einer Expertengruppe im Auftrag der Regierung ausgearbeitet wurde. 1997 beschloß der Bundesrat auf Basis dieses "Aktionsplans" eine Strategie "Nachhaltige Entwicklung in der Schweiz", die allerdings hinter den Empfehlungen der Experten zurückbleibt (z.B. i.b. auf die ökologische Steuerreform).

Wie in den Niederlanden kann der Widerstand gegen die nationale Nachhaltigkeitsstrategie in der Schweiz an der Vertagung der offiziellen Vorlage erkannt werden. Die Befassung mit der grundsätzlich befürworteten ökologischen Steuerreform wurde vom Bundesrat auf das Jahr 2001 vertagt. Von maßgeblich Beteiligten wurde in Interviews die gegenwärtige Wirtschaftslage als generelles Erschwernis bezeichnet.

In allen untersuchten Staaten wurden bereits bei der Planinitiierung formelle Konfliktlösungsmechanismen festgelegt, die in der Praxis allerdings meist nur geringen Erfolg zeigten. Grundsätzlich erfolgte die Abstimmung über die Ziele und Maßnahmen des Plans innerhalb der Kabinettsrunde, in der das Umweltministerium sich dem Druck der anderen Ressorts in der Regel beugen mußte. Die Einrichtung runder Tische oder Serien öffentlicher Anhörungen gewährleisteten zwar die kontroverse Diskussion unterschiedlicher Positionen, nicht aber die formelle argumentative Abwägung.

3.4 Formen des Planerstellungsprozesses

Der Planerstellungsprozeß erfolgte auf zwei Ebenen und zeitlich als zweistufiges Verfahren. Zunächst wurde das Gerüst des Planes innerhalb der Verwaltung erarbeitet und der dafür notwendige Entscheidungsmechanismus administrativ festgelegt. Die Planerstellung erfolgte in allen untersuchten Fällen zunächst als geschlossenes Verfahren (zumeist unter Federführung des Umweltministeriums) unter Einbezug zentraler politischer Akteure (insbesondere der wirtschaftsnahen Ministerien). Erst nach Vorlage eines Entwurfes wurde dieser in der Öffentlichkeit diskutiert. Der Ablauf des Planerstellungsprozesses war in keinem der analysierten Fälle durch einen formellen Gesetzesauftrag erleichtert und vorstrukturiert (wie er in einigen Ländern besteht). In den Niederlanden hat sich dies 1993 geändert.

In aller Regel erfolgt ein informeller Vorlauf mit einer Trägergruppe im Umweltministerium. Der nächste allgemeine Schritt ist eine offizielle Beauftragung durch das Kabinett. Zu diesem Zeitpunkt ist ein massiver wissenschaftlicher Input - wie die Umweltprognosen des RIVM in den Niederlanden oder zumindest die Zusammenfassung vorhandener Planungen und Programme in Österreich - wesentlich. Gleichzeitig sind formelle und informelle interministerielle Abstimmungsprozesse von großer Bedeutung. Bei Fehlen entsprechender Einrichtungen ist die Bildung einer Planungsinstitution der nächste Schritt (in Großbritannien, Österreich und der Schweiz). Diese vollzieht sodann den Planerstellungsprozeß, wobei der Entwurf in der Regel wiederum aus der Umweltverwaltung stammt. Die Planungsinstitution hat im wesentlichen konsultative und konsensstiftende Funktionen. Der Plan selbst ist dann wiederum ein Kabinettsbeschluß. Berichtspflichten und formalisierte Monitoring-Prozeduren schließen den Prozeß ab (s. ausführlich Kap. IV).

Dieser typische Ablauf hatte in den fünf Fällen spezielle Varianten, von denen der niederländische Fall der weitgehendste ist:

Dort war die Planerstellung am klarsten an vorhandene Regierungsinstitutionen gebunden. Die Initiativen des Umweltministers und des RIVM wurden beim NEPP zunächst in einem weitgehend geschlossenen, wenig formalisierten staatlichen Willensbildungsprozeß umgesetzt (der stärker formalisierte NEPP-2-Prozeß war dann mit intensiven Interessengruppen-Konsultationen verbunden). Der ausschlaggebende interministerielle Integrationsprozeß wurde stark vom Kabinett selbst getragen und letztlich durch Wahlen sanktioniert.

Der britische und kanadische Fall kann als deutlich schwächere Variante dieses Musters angesehen werden, schwächer nicht zuletzt im Hinblick auf den institutionellen wissenschaftlichen Input und den Integrationsprozeß. In beiden Fällen wurde allerdings die Beteiligung gesellschaftlicher Akteure relativ stark formalisiert. In Kanada nahmen an 41 landesweiten Anhörungen mehr als 6000 Personen teil, an weiteren 17 Anhörungen waren rund 400 Entscheidungsträger beteiligt. Ein Positionspapier der Regierung (Framework for Discussion on the Environment) zielte auf entsprechende institutionelle Veränderungen von Willensbildungsprozessen hin.

Ein anderes Muster bilden Österreich und die Schweiz, wo der Prozeß der Planung, der interministeriellen Integration und der Interessengruppenbeteiligung im wesentlichen von der hierzu neu geschaffenen Institution zu leisten war (ist). In Österreich wurde eine starke Formalisierung des Willensbildungsprozesses mit der NUP-Struktur erreicht. Die Arbeitskreise des NUP diskutierten relevante Problemfelder und Zielvorgaben. Ihre innere Organisation unterlag dabei den AK-Leitern; die Koordination zwischen den Arbeitskreisen erfolgte in Form von Workshops.

Im Ergebnis zeigte sich, daß die untersuchten Umweltpläne, unabhängig vom Grad der Konkretisierung ihrer Ziele, zumindest als Referenzdokument für zukünftige Regierungsmaßnahmen dienten und in der Folge einen Orientierungsrahmen für ein breites Spektrum von Akteuren boten. Der Erfolg eines Umweltplanes lag bisher allerdings - bis auf Länder wie die Niederlande, Schweden und Südkorea - weniger im Ergebnis der Umsetzung der formulierten Ziele als vielmehr in dem politischen und gesellschaftlichen Lernprozeß, der institutionelle Änderungen einschloß, dessen Langfristeffekte bisher allerdings nicht evaluiert werden können.

Im folgenden Kapitel werden wir näher auf den Prozeß der Planerstellung eingehen und entsprechende Empfehlungen formulieren.

Tabelle 3: Planinitiierung

Land	Beginn und Dauer der Planerstellung	Vorläuferplan oder Strategie (alternative Entwürfe)	Relevante parallele politische Entwicklungen
Groß-britannien	Kein umfassender/einheitlicher Umweltplan. Initiierung: Sept. 88: Thatcher Rede; Okt. 89: Ankündigung auf Parteitag der brit. Konservativen. WP (White Paper): This Common Inheritance: Britain's Environmental Strategy (publ. Sept.1990). Dauer des Prozesses: 2 Jahre. SD (Sustainable Development Strategy): 4 Berichte, thematisch weiter u. allgemeiner als White Paper u. follow-ups; Dauer 1 1/2 Jahre seit UNCED (Herbst 1992-Dezember 1993).		Agenda 21 und 5. Umweltaktionsprogramm der Europäischen Union führen zu Initiierung von „lokaler Agenda 21" in mehr als 70 Städten.
Österreich	Dauer der Planerstellung: 3 Jahre (Sept. 1992 - Juli 1995).	Seit 1990: Interner Reflexionsprozeß im Umweltministerium, Konsensfindung über Idee eines Umweltplanes zwischen Ministerien, Gebietskörperschaften und Verbänden. Jun. 1992: Einbringung eines Vorschlags im Ministerrat zu Erstellung eines NUP, anschließend Erstellung eines Grobkonzeptes durch das Forschungszentrum Seibersdorf.	Niederländischer NEPP hat Vorbildfunktion. Offizieller Anlaß zur Einbringung im Ministerrat ist Agenda 21 der UNCED. Parallel Initiative eines Jugend Umwelt Planes (JUP).
Kanada	Dauer der Planerstellung: 2 Jahre (1988-1990). Plan hatte Gültigkeit für 5 Jahre (seit 12/1990). Durch das Ende der konservativen Regierung wurde der Plan 1993 letztlich fallengelassen.	Vor 1988 existierten umweltbezogene Fachpläne. 1988: Alternativer nationaler Umweltplan durch das Greenprint for Canada Committee (Zusammenschluß der größten Umwelt-verbände); Dauer der alternativen Planerstellung: 6 Monate; Greenprint for Canada wurde von einem breiten Konsens in der Umweltbewegung getragen.	National Task Force on Environment and Economy 1989 als Round Tabel Ir.stitution gegründet - hat aber als Beratungsinstitution bis 1993 stetig an Einfluß verloren. Nationaler Bericht (Policypaper), der die Ergebnisse des Brundtland-Berichtes in den kanadischen Kontext stellt.
Schweiz	März 1993: Interdepartementaler Ausschuß Rio (IDARio) wird vom Bundesrat eingesetzt. 1995: Erster Bericht. Bis Februar 1996: Bestandsaufnahme über die Umsetzung der nachhaltigen Entwicklung in der Schweiz im Rahmen der sektoralen Politiken und der Koordinationsmechanismen wird erarbeitet (2. Bericht). 1997: Bundesrat verabschiedet "Strategie".	Regierungsprogramm von 1987 - 1991 wurde dem „qualitativen Wachstum" verpflichtet. Vorläuferpläne: Energie- und Verkehrskonzept.	Sektorale Planung als konkrete Umsetzung von Rio. BUWAL-Kampagne zu globalen Umweltproblemen. Wissenschaftl. Bericht „Globale Erwärmung und die Schweiz" durch zusätzl che interdepartementale Arbeitsgruppe zur Klimaveränderung. Einführung von direkten finanziellen (umweltbezogenen) Anreizen in der Landwirtschaft. Revision des Umweltschutz- und des Energiegesetzes Schutz der natürlichen Lebensgrundlagen als eines der fünf Ziele der Aussenpolitik.
Niederlande NEPP plus	Verabschiedung 1989, Revision 1993 (NEPP 2). Dauer der Planerstellung: 6 Jahre (mit Vorbereitung), 2 Jahre nach Planungskonzeption.	Planungsphilosophie seit den 70er Jahren; Konzept für strategische Integration des Rechtsgebiets 1981 vorgelegt; Regierung legt 1983 umweltpolitischen Integrationsplan dem Parlament vor, der 1984 nach Überarbeitung als Planungskonzept verabschiedet wird; vorheriger Planentwurf 1989 nicht angenommen (Regierung fiel über NEPP); Verstärkung der Planziele durch neue Regierung.	1981: erste Reaktionen auf IUCN "World Conservation Strategy".
Niederlande NEPP 2	Erstes Strukturpapier 1990, verabschiedet 1994.	NEPP und NEPP plus	

Tabelle 4: Einflußfaktoren der Planinitiierung

Land	Anstoß zur Planerstellung (bottom-up / top-down)	Einflußfaktoren (nat./internat. Anstöße)	Institutioneller oder Gesetzesauftrag, Situative Elemente
Groß-britannien	WP: Anstoß zur Erstellung top-down: Sept. 88-Rede von M. Thatcher (s.o.), sowie persönliches Engagement von C. Patten. Prozeß der Erstellung: bottom-up eher als top-down, da Umweltministerium nur *primus inter pares* im Formulierungsprozeß. SD: Verpflichtung durch Premierminister auf UNCED.	WP: Druck durch öffentliche Meinung, Internationale CO_2-Reduktionsdiskussion, Unterstützung durch Premierminister, Persönliches Engagement des Umweltstaatssekretärs. SD: UNCED	WP: nicht genau feststellbar SD: ohne institutionellen oder Gesetzesauftrag
Österreich	Arbeitsgruppe im Umweltministerium entwickelt im Grazer Umweltwissenschaftlichen Idee zu Erstellung.	Niederländischer NEPP hat Vorbildfunktion Agenda 21 als offizieller Anlaß zur Einbringung im Ministerrat	Begründung für die Erstellung seitens des Umweltministeriums beinhaltet die gewünschte Beseitigung von Defiziten in der Effektivität der umweltrelevanten Politiken.
Kanada	Anstoß von außen: Brundtland-Kommission und US-amerikanische konservative Regierung (legte „Blueprint for the Environment" vor); neue kanadische Regierung sah ein konservatives Profilierungsinstrument. Anstoß von innen: Idee eines nationalen Green Plans seit 1987; Die Regierung setzte Task Force ein, die die Bedeutung des Brundtland-Reports für Kanada erarbeitete. National kam der Anstoß u.a. auch durch den alternativen Umweltplan (Greenprint for Canada). Top-down-Ansatz: Plan war die Idee des damals neuen Umweltministers Bouchard.	Brundtland-Kommission (Our Common Future); Kanadische Politiker Maurice Strong (Präsident) und Jim MacNeill (General-sekretär) waren Kommissionsmitglieder. Öffentliche Anhörungen der Brundtland-Kommission fanden auch in Kanada statt (Symbolpolitik); Interesse bei Regierung und NGOs. National erhielt die nationale Umweltbehörde „Environment Canada" zunehmende Bedeutung durch Thematisierung des Umweltschutzes als Umweltpolitik.	Institutionelle Aspekte: Einrichtung eines Round Tables on Environment and Economy, Gründung des Winnipeg Centres for Sustainable Development. Situative Aspekte: In den 80er Jahren großes Interesse an der Umweltpolitik und wachsendes Umweltbewußtsein v.a. durch internationale Umweltkatastrophen bedingt (Sandoz, Bhopal, Exxon Valdez, etc.). Wachsendes Interesse der Industrie an der Förderung von Umweltschutzmaßnahmen. Neuer Umweltminister suchte nach einem eigenen „Produkt" und sah die Möglichkeit, mittels eines nationalen Umweltplans Einfluß (und Budget) zu vergrößern.
Schweiz	Anstoß durch den Bundesrat.	Rio-Konferenz: Gilt besonders für den 2. Bericht (Feb. 1996).	IDARio wird als neue Verwaltungsstruktur per Beschluß des Bundesrates initiiert mit dem Auftrag, Möglichkeiten der Umsetzung der Rio-Beschlüsse auf schweizerischer Ebene aufzuzeigen und eine bessere Abstimmung zwischen den verschiedenen Bundesaktivitäten zu gewährleisten.
Niederlande NEPP plus	Kaskade von Verhandlungen der Regierung und des Umweltministeriums mit den jeweils niedrigeren Ebenen (top-down).	Kombination von wissenschaftlichem Input (angesehenes Institut) und Umweltbetroffenheit erzeugte Handlungszwang für Zielministerien'. Wissenschaftlicher Input: Staatliches Institut veröffentlicht Bericht über den Zustand der Umwelt, einschließlich einer Abschätzung der für eine nachhaltige Entwicklung nötigen Maßnahmen und Verhaltensänderungen (good story).	Planvorbereitung wurde von Parteien unterschiedlicher Couleur getragen. Planvorbereitung fiel in eine Zeit guter wirtschaftlicher Entwicklung incl. deren Umweltfolgen sowie hoher Umweltbetroffenheit.
Niederlande NEPP 2	Umweltministerium	Revision von NEPP plus	kontinuierliche Entwicklung des NEPP plus - Prozesses.

Tabelle 5: Akteure des Planerstellungsprozesses

Land	Trägergruppe des Planungsprozesses (Art und Breite)	Rolle von Parlament, Regierung, sonstiger Institutionen	Rolle nicht-staatlicher Institutionen und anderer Akteure
Großbritannien	WP: Spezielle Abteilung im Umweltministerium; Berichte der anderen Ministerien; Schaffung von zwei Ministerialkommittees, eines M. Thatcher als Vorsitzende. Intra-governmental Group on Environmental Economics (gegründet durch Finanzministerium; zuständig für umweltökonomische Instrumente). SD: Ministerien; Umweltministerium verantwortlich für die einzelnen Berichte; interministerielle Diskussionen, sowohl bilateral, als auch bei Treffen sämtlicher Ministerien, Premierminister und Kabinett billigen Ergebnisse. Starkere Integration der Öffentlichkeit als bei WP.	WP: Umweltministerium nur *primus inter pares*, während WP-Prozeß erkennbare Blockadehaltung anderer Ministerien (Finance, Transport and Energy, Agriculture, Fisheries and Food). (Anfängliches) Engagement von Thatcher wichtig für Herstellung der Handlungskompetenz des Umweltministeriums. SD: Umweltministerium federführend, interministerielle Abstimmungsprozesse; inter-departmental committee of senior officials chaired by Cabinet Office. Kommunale Akteure nicht direkt, sondern nur konsultativ am breiteren Abstimmungsprozess beteiligt.	WP: Umweltministerium bittet NGOs um Stellungnahmen, alle wichtigen britischen NGOs beteiligt. SD: möglichst breite Öffentlichkeitsbeteiligung zu verschiedenen Stu en des Prozesses z.T. in Institutionen, welche während des WF-Prozeß geschaffen wurden (Erstellen von draft strategy, draft framework; detailed outline); „round-table"-process mit fast 40 Treffen.
Österreich	1. Organ: NUP-Kommittee bestehend aus jeweils einem Vertreter des Kanzleramts, der einzelnen Ministerien, der einzelnen Länder und der fünf großen Interessenvertretungen unter Vorsitz des Umweltministeriums. 2. Organ: NUP-Sekretariat zur Koordination der darauf folgenden sieben Arbeitskreise. 3. Organ: sieben Arbeitskreise, die verursacherbezogen, sektoral gegliedert sind, Die Teilnehmer werden von den NUP-Komitee-Mitgliedern nominiert.	Bundesregierung beauftragt Umweltministerium mit Planerstellung; Sekretariat in die bestehende Struktur des Umweltministeriums eingegliedert. Bundesverwaltungen dominierten in den Arbeitskreisen. Länderverwaltungen waren relativ gut vertreten. Wirtschafts- und Umweltverbände waren in geringerem Maße, Arbeitnehmerverbände noch weniger vertreten. Parlamentsbeschluß 1997.	Fünf große Interessenvertretungen beteiligt; Einbindung der Umweltverbände abgelehnt; Wissenschaft in Arbeitskreise einbezogen.
Kanada	Verantwortlich: der stellvertretende Umweltminister; Abteilung Politikplanung erstellte das Gerüst für den Plan. Umweltplan ist als breiter, konzertierter Planungsprozeß angelegt.	Entwurf durch das Umweltministerium; andere Ressorts erst nach Vorlage des ersten Entwurfs beteiligt. Bei Vorlage des Entwurfs im Planungsstab des Kabinetts wurde der Plan im wesentlichen als Instrument der Kompetenzerweiterung des Umweltministeriums gewertet.	1988: Umweltverbände legen Greenprint for Canada vor. NGOs nur in den Anhörungsverfahren formal beteiligt, deren Kritik nicht behandelt. Wissenschaftliche Institutionen zu keiner Zeit beteiligt (trotz internationalem Renommée in der Sustainability Debate).
Schweiz	Beamte aus den 17 Bundesämtern; Verteter der Kantone, der Wirtschaft und Wissenschaft. Sieben interdepartementale Arbeitsgruppen (bestehend aus Mitgliedern der Verwaltung und Nichtregierungskreisen). Aufgabe: Erarbeitung von Konzepten und konkreten Umsetzungsvorschlägen für IDARio und Bundesrat; Koordination des Informationsaustausches.	Federführung liegt in jährlichem Turnus bei der Direktion für Entwicklungszusammenarbeit, dem BUWAL und dem Bundesamt für Aussenwirtschaft.	Verteter der nicht-staatlichen Sektoren Umwelt, Entwicklung, Wissenschaft und Wirtschaft zusammen mit Mitgliedern der Bundesverwaltung in einer Kontaktgruppe mit Konsultativcharakter (Expertenebene).
Niederlande	Vorbereitende Planung: interministerielle Projektgruppe Planabstimmung: Ministerien (und Kabinett), Federführung beim Umweltministerium. Wissenschaftliche Grundlage: RIVM. Anhörung der Zielgruppen.	Unterstützung durch das Parlament (breite Mehrheit); Planungsprozess im wesentlichen verwaltungsintern (Koordination); Staatliches Institut verfaßte Umweltberichte und lieferte die wissenschaftliche Grundlage für Zielsetzung.	Zielgruppen: Beteiligung an Zielfindung und Umsetzungsplanung.

Tabelle 6: Konflikte bei der Planerstellung

Land	Beschreibung der Konfliktfelder	Konfliktparteien	Konfliktmanagement und -mechanismen (Erfolg?)
Groß-britannien	WP: Straßenverkehr; CO2-Steuer; umweltökonomische Instrumente. SD: Transport, Steuern, Landwirtschaft.	WP und SD: Umweltministerium und andere Ressorts.	WP: interministerielle Verhandlungen, grundsätzlich keine Durchsetzungsmöglichkeiten seitens des Umweltministeriums (alle Vorstöße abgelehnt). SD: Transport: Teilerfolg für Umweltministerium (Bedeutung einer Verteuerung des Individualverkehrs für Verkehrsverhalten durch Verkehrsministerium grundsätzlich anerkannt) Steuern: Blockadehaltung des Treasury-Departments des House of Lords Committee von der Öffentlichkeit kritisch beurteilt.
Österreich	keine Erwähnung	keine Erwähnung	Konsensfindung auf Arbeitskreisleiterebe
Kanada	Formell: Eingrenzung des Konfliktes: Sustainability-Debatte als Klammer zwischen Umwelt- und Industriepolitik; Abschied von Wachstumskritik (Limits to Growth); Konflikte vorwiegend auf administrativer Ebene (Budgethoheit und Kompetenzen); NGOs bemängeln geringen inhaltlichen Bezug des Planes zu Umweltqualitätszielen sowie die vagen Definitionen und politischen Ziele. Konflikt zwischen Industrie und ENGOs über die Instrumentenwahl (Industrie präferierte freiwillige Vereinbarungen); Keine Konflikte zwischen föderaler und dezentraler Ebene (Fragen des Vollzuges und Vollzugskontrolle ausgespart).	Verschiedene Ministerien, die nicht am am Prozeß der Planerstellung beteiligt waren; Industrie (hinsichtlich der Instrumentenwahl); NGOs (hinsichtlich der Ziele und der Struktur des Anhörungsverfahrens); Wissenschaftler (insbesondere die einschlägigen Forschungsinstitute).	Einrichtung des NRTEE als runder Tisch beteiligter gesellschaftlicher Gruppen; Serie öffentlicher Anhörungen. NRTEE verlor an Einfluß bei der Planerstellung im Frühjahr 1990. Das Procedere der Anhörungen sah keine Mechanismen der Konfliktregulierung vor. So blieben die wesentlichen Kritikpunkte unberücksichtigt.
Schweiz	Konsensfindung durch partizipatorischen Ansatz schwierig. Kaum öffentlicher Diskurs. Langwierigkeit der Entscheidungsfindung als typisches Problem des politischen Systems der Schweiz; Verwässerung der eigentlichen Absichten.	nicht bekannt	nicht bekannt
Niederlande	Konflikt zwischen Umwelteffektivität (Ziele) und Verbindlichkeit (für andere Ministerien); Zahlreiche Konflikte zwischen Zielgruppen; Konflikt um Kostenzuweisung an Autofahrer; Konflikt wurde vor dem Hintergrund hoher Umweltbetroffenheit und des Berichts über den Zustand der Umwelt eines angesehenen Instituts ausgetragen; NEPP-Konflikt über Kosten des Autofahrens Anlaß, aber nicht Ursache des Rücktritts der Regierung.	Umweltministerium, Verkehrsministerium, Landwirtschaftsministerium, Wirtschaftsministerium (für Energiepolitik); Fraktion und Finanzminister gegen eigene Minister in anderen Ressorts; Zielgruppen; Fraktion der Liberalen Partei gegen christlich-liberale Regierung.	Konflikt zunächst durch Kabinettsdisziplin entschärft Planungsprozess: Vertrauen in Prozessmanager; Respekt für Sponsor (Schirmherr); Parlamentarische Debatte endete mit Rücktritt der Regierung (Neuwahlen). Konfliktlösung durch Regierungswechsel.

Tabelle 7: Formen des Prozesses der Planerstellung

Land	Art des Planerstellungsprozesses (offen, geschlossen)	Form des Prozesses (informell oder formalisiert)	Revidierende Elemente (mehrere Entwurfsfassungen?)
Großbritannien	WP: geschlossener Prozeß. Von vornherein Ausrichtung auf ein bestimmtes Endziel; SD: offener Prozeß : Flexible Anpassung von Erstellungsstrategie an Verlauf der Erstellung.	WP: formell SD: formell	Weiterentwicklung der Ziele in jährlichen Folgeberichten. Teilweise Parallelität zwischen White-Paper follow-ups und Sustainable UK Berichten.
Österreich	Organisationsstruktur vorab auf Beamtenebene fest-gelegt. Geschlossener Prozeß unter Beteiligung der wesentlichen gesellschaftlichen Akteure.	Grundlegende Struktur formell auf dreistufiges Modell festgelegt. Interne Organisation der Arbeitskreise Aufgabe der Leiter. Abstimmung zwischen Arbeitskreisen im Rahmen interner Workshops. Die jeweiligen beteiligten Akteure von den NUP-Komitee-Mitgliedern nominiert. Registrierung und Bewertung von relevanten Problemen sowie die Formulierung von Zielvorgaben durch die Arbeitskreise.	keine Erwähnung
Kanada	Zunächst geschlossener Planerstellungsprozeß (Entwurf innerhalb der Administration). Vorläuferplan der NGOs hat den Planerstellungsprozeß beschleunigt. Öffentlichkeit wurde an öffentlichen Hearings beteiligt. Ausgewählte Entscheidungsträger nahmen an Evaluierung teil.	Formalisierter Prozeß auf administrativer Ebene durch: Positionspapier: Framework for Discussion on the Environment (explizites Ziel: Entscheidungsprozess und Institutionen zu verändern); 41 öffentliche Anhörungen mit 6000 Personen; 17 zweitägige Anhörungen; Evaluierungstreffen unter der Beteiligung von 400 Entscheidungsträgern.	Regierung veröffentlichte Evaluierung des Umweltplanes und verglich ihn mit einzelnen Positionen des alternativen NGO Planes (wenig substantiell). Im Rahmen des Planerstellungsprozesses wurde im Sommer 1990 (vor der offiziellen Vorstellung im Kabinett) mit ausgewählten Entscheidungsträgern diskutiert.
Schweiz	Regierungsauftrag (1993) mit konkreter Institutionsbildung (IDARio).	Formelle Konsultation von Interessengruppen über IDARio-Kontaktgruppe.	
Niederlande NEPP plus	Zunächst geschlossen, später offen. Plan sollte zunächst nur als Rahmen für regionale, lokale und sektorale Entscheidungen dienen, führte aber zu breiter Anerkennung von Umweltproblemen und breiter Bereitschaft zu politischen Änderungen.	Zunächst informell, dann zunehmend formalisiert.	Sukzession: 1) Strategiepapier; 2) Planungskonzeption; 3) Planentwurf; 4) endgültiger Plan; Zweiter Umweltplan 1994.
Niederlande NEPP 2	s. o.	Formaler 5-stufiger Prozeß: 1) Orientierung; 2) Anhörungen; 3) interner Entwurf; 4) Verhandlungen; 5) Entscheidungsfindung.	

4 Planung als Prozeß:
Prozedurale Empfehlungen

Auf der Basis der fünf Beispielsfälle wie auch anderer vergleichbarer Planungsprozesse soll nun ein mögliches Vorgehen der Bundesrepublik Deutschland skizziert werden. Die vorgeschlagene Vorgehensweise ist in *Abbildung 3* im Überblick dargestellt und wird im Anschluß ausführlich erläutert. Dabei ist folgendes vorauszuschicken:

Der Auftrag zu diesem Gutachten umfaßt die Analyse von fünf nationalen Planungsfällen, nicht die spezifischen Bedingungen, unter denen ein Umweltplan in der Bundesrepublik Deutschland erstellt werden kann. Insoweit kann es hier nur um Schlußfolgerungen aus den untersuchten Beispielen gehen. Wer in welchen institutionellen Formen und Beteiligungsgraden welche Planungsziele erstellen und implementieren sollte, bedarf nicht nur intensiver Vorklärungen, sondern auch weiterer Forschungen über Akzeptanzbedingungen und Handlungsspielräume in der Bundesrepublik selbst.

Wir können aber auf der erarbeiteten Basis als Orientierungsmuster einen modellhaften Planerstellungsprozeß darstellen, der die positiven wie negativen Erfahrungen anderer Länder berücksichtigt. Die dargestellte Modellvariante ist dabei als weitestgehende Option zu verstehen, die vielfältig abgestufte Minimalvarianten zuläßt. Dies schließt die Option ein, in den Prozeß nationaler Umweltplanung zunächst mit der institutionell weicheren "nationalen Strategie ökologisch nachhaltiger Entwicklung" einzutreten und den hochinstitutionalisierten "nationalen Umweltplan" als weitere Perspektive anzusehen (s. u.).

Die OECD betont den Prozeßcharakter nationaler Umweltplanung: "Emphasis should be more on the process of working out a strategy or a plan rather than a plan for its own sake. The process has its value in itself" (OECD 1995: 13). Dabei ist von längeren Zeiträumen auszugehen: Die formelle Planerstellung dauerte im internationalen Vergleich zwischen sechs Monaten (Frankreich) und vier Jahren (Schweiz). Wie in Kapitel III. gezeigt, ist die faktische Planungsperiode länger anzusetzen (in Österreich z.B. fünf Jahre, in den Niederlanden sechs Jahre).

Erforderlich ist also ein langer Atem. Ebenso unerläßlich ist die Lern- und Konsensfähigkeit aller Beteiligten. Die OECD betont: "Trying to achieve the perfect plan can be counterproductive. The motto should be: Just get on with it!" (OECD 1995: 17).

Zu betonen ist zunächst einmal die staatliche Initiativfunktion. Die Literatur, die sich mit vorhandenen nationalen Umweltplänen (bzw. Nachhaltigkeitsstrategien) beschäftigt, stimmt in der Meinung überein, daß dies ein zentralstaatlich initiierter Prozeß sein muß (OECD 1995, Green Plan Center 1996, Dalal-Clayton 1996a, Jänicke/Jörgens 1996), der aber auf eine Erweiterung der Handlungsbasis durch Querschnittspolitik, Partizipation und breite Kommunikation hinausläuft. Die fünf näher untersuchten Fälle weisen in die gleiche Richtung. Die legitimatorischen und institutionellen Ressourcen des Staates sind zu Beginn des Prozesses eine ebenso entscheidende Hilfe, wie sie benötigt werden, um den Prozeß der Planung auf Dauer zu stellen.

Im folgenden sollen die empfohlenen und in *Abbildung 3* dargestellten Handlungsschritte und ihre Träger skizziert werden.

4.1 Vorabklärung durch informelle Träger (advocacy-coalition)

Der eigentliche Planungsprozeß wird in aller Regel durch eine informelle Trägergruppe eingeleitet, deren Zentrum das Umweltministerium ist. Der Erfolg der informellen Trägergruppe hängt vor allem davon ab, inwieweit die Gewinnung sachlich motivierter, kompetenter Einflußpersonen in wichtigen anderen Entscheidungsbereichen gelingt. Aufgabe der informellen Trägergruppe ist u. a. die Vorabklärung, welche Koalitionen möglich und welche Vorgehensweise realistisch ist.

4.2 Erstellung einer Wissensbasis

Die Erstellung einer wissenschaftlich fundierten, breit gestreuten Informationsgrundlage ist für den öffentlichen Diskurs über eine Strategie der Nachhaltigkeit und den Planungsprozeß selbst unerläßlich. Dieser Schritt ist analog zu internationalen Erfahrungen (Modellfall ist das niederländische RIVM) sinnvollerweise Aufgabe des Umweltbundesamtes, auch als Koordinierungsinstanz entsprechender Forschungen. Nationale Nachhaltigkeitspläne von Umweltverbänden (Niederlande, Kanada) haben ebenfalls eine wichtige Unterstützungsfunktion gehabt.

a) **Informationsinput I**: Als Einstieg in den Planungsprozeß ist zu empfehlen, daß zunächst die vorhandenen Umweltplanungen und -programme (OECD 1995 13), bestehende internationale Zielvorgaben sowie die bereits bestehenden Selbstverpflichtungen von Branchen und Kommunen in einem einheitlichen Text veröffentlicht werden. Planungsdefizite lassen sich so einfacher ermitteln. Wie erwähnt wurde z.B. die Erstellung des österreichischen NUP durch die frühzeitige Zusammenfassung von 134 bereits vorliegenden staatlichen und verbandlichen Programmen wesentlich erleichtert (Payer im Anhang).[4] *Dieser Schritt des policy monitoring ist auch dann zu empfehlen, wenn weitere Planungsaktivitäten nicht vorgesehen sind.*

Abb. 3: Schema des vorgeschlagenen Planerstellungsprozesses

FUNKTION	TRÄGER
1. Sondierung:	Informelle Trägergruppe (Basis: BMU)
2. Wissensbasis:	
a) Synopse bestehender Umweltplanungen, (internationaler) Zielvorgaben und Selbstverpflichtungen	UBA, BMU
b) Wissenschaftliche Darstellung zentraler Umweltprobleme, wissenschaftliche Zielempfehlungen, Optionen, best practice	UBA, Forschungsinstitute
3. **Formelle Eröffnung des nationalen Diskurses, Vorkonferenz**	Bundespräsident, Kanzler
4. **Einholung von Stellungnahmen umweltrelevanter Akteure**	BMU
5. **Erstellung eines Planentwurfs**	UBA, BMU, Forschungsinstitute
6. **Beratung und Vorabklärung des Entwurfs**	„Rat für Umweltplanung" (Vors.: Bundeskanzler oder sich abwechselnde Minister)
a) interministerielle Vorabklärung:	Exekutivkomitee des Rates (BMU, BMWi, BMV, BMBau, BML, BMBF)
b) Beratung:	Plenum des Rates (Vertreter v. Bundesverwaltungen, Bundestag, Bundesländern, Verbänden und Wissenschaft)
c) Konsensgespräche mit wichtigen Zielgruppen:	Arbeitsgruppen des Rates (organisiert nach Verursacherbereichen)
7. **Verabschiedung und Vorlage des Planes**	Rat für Umweltplanung
8. **Dezentrale Vereinbarungen und Selbstverpflichtungen**	Länder/Kommunen, Branchen/Unternehmen
9. **Monitoring der Umsetzung**	UBA und Forschungsinstitute
10. **Bewertung der Umsetzung, Revision**	Rat für Umweltplanung

---

4 Interessant ist in diesem Zusammenhang ein von der Europäische Umweltagentur aktuell ausgeschriebenes Projekt, in dem die Umweltqualitätsziele in der Gesetzgebung und die nationalen Verpflichtungen der Mitgliedsstaaten der Europäischen Union zusammengestellt werden sollen.

b) **Informationsinput II:** Eine wissenschaftlich möglichst unkontroverse Darstellung:
- der zentralen, gegenwärtig bzw. langfristig ungelösten Umweltprobleme (Diagnose und Prognose),
- der Handlungserfordernisse aus der Sicht der Wissenschaft,
- des internationalen Standes der diesbezüglichen Zielbildung,
- der verfügbaren Optionen und Änderungspotentiale, von win-win-Lösungen, Beispielen von "best practice" in anderen Ländern, sowie
- der wichtigsten Verursachergruppen (target groups) und der mit ihnen bisher verbundenen Handlungsrestriktionen (vgl. Cohen/Kamieniecki 1991).

Zur Erleichterung des Überblicks ist eine Matrix aus Problemfeldern und Verursacherbereichen sinnvoll.

4.3 Eröffnung des formellen Prozesses

Mit dieser Informationsbasis könnte der nationale Diskurs über den Plan durch eine hochrangige bundesstaatliche Einladungsinstanz und eine nationale Konferenz mit breiter Beteiligung relevanter Interessengruppen eröffnet werden. Es ginge hierbei auch darum, den in der Umweltpolitik wichtigen situativen Einflußfaktor öffentlicher Aufmerksamkeit, der in der aktuellen Wirtschaftslage abgeschwächt ist, durch politische Initiativen zu stärken.

4.4 Einholung von Stellungnahmen umweltrelevanter Akteure

Auf der Basis der o. a. Wissensinputs wären Stellungnahmen umweltrelevanter politischer, wirtschaftlicher und gesellschaftlicher Gruppen einzuholen. Über diesen Partizipations- und Konsultationsprozeß bestehen ausreichende internationale Erfahrungen. In Deutschland wäre auch die Darstellung der Position der Bundesländer (z.B. über die UMK) in dieser Phase von Bedeutung.

4.5 Entwurf des Umweltplanes

Zur inhaltlichen Strukturierung des Planerstellungsprozesses ist die frühzeitige Vorlage eines ersten Planungsentwurfs zweckmäßig. Wir betonen den Vorgabecharakter des Entwurfs. Ohne einen solchen Fokus droht ein diffuser Diskurs. Selbst wenn der Entwurf grundlegend umgestaltet wird, erfüllt er seine Funktion. Zur Erleichterung konkreter Konsensbildungsprozesse sollte er nicht nur nach Problem-, sondern auch nach Verursacherbereichen gegliedert werden (in den Worten des niederländischen Umweltfachmanns: "If you don't name specific actors things soon degenerate into abstract reflections (...) The roles of the different economic sectors (...) are much more interesting". Environmental News from the Netherlands 4/1996).

Der Planentwurf sollte auf klare Prioritäten, Zielvorgaben und Zeithorizonte abzielen, die im anschließenden Diskurs aber revidierbar sein müssen. Auch die Vorlage einer Maximalvariante darf weitgehende Abstriche nicht ausschließen. Zielfestlegungen, die den Konsensrahmen sprengen, sind für den Planungszweck ebenso problematisch wie eine unzulängliche Zielqualität. Die allgemeine Anerkennung von Problemlagen und Handlungserfordernissen durch relevante Verursachersektoren kann als erster Schritt durchaus von Bedeutung sein. Für den Prozeß der konsensualen Zielbildung ist daher die Darstellung abgestufter Zielangebote zwischen maximalen und unmittelbar konsensfähigen Positionen zu empfehlen, die Kompromißlösungen möglich machen. Dies kann auf den folgend dargestellten fünf Konkretisierungsstufen geschehen. Auf jeder dieser Stufen können Ziele allgemein oder spezifisch formuliert werden, relevant oder marginal sein. Bei den Stufen kann davon ausgegangen werden, daß allgemeine Problemdefinitionen und Ziele eher akzeptabel sind, wenn ihre Operationalisierung zunächst unterbleibt. Ähnlich kann ein operatives Handlungsziel akzeptabel sein wenn eine Befristung (zunächst) unterlassen wird. Dennoch kann ein solcher allgemeiner Konsens bereits ein Fortschritt sein, jedenfalls dann, wenn er erzielte Lernprozesse dokumentiert.

Zielqualität	Wissenschaftliche Maximalposition	Zwischen den Verwaltungen abgestimmte Positionen
a) Problemdefinitionen		
b) Umweltziele		
c) Prioritäten		
d) operative Ziele		
e) Fristen		

Die schwierige Organisation des Planungs- und Konsultationsprozesses dürfte durch diese Art vorgegebener Bandbreiten zwischen weitgehenden wissenschaftlichen Positionen und abgestimmten sektoralen Interessenpositionen erleichtert werden.

4.6 Beratung und Konsensbildung: "Rat für Umweltplanung"

Entscheidend für die Chancen des Planungsprozesses ist seine institutionelle Ausgestaltung. Für die Beratung und Konsensbildung könnte ein **"Rat für Umweltplanung"** mit folgender Struktur den institutionellen Rahmen bieten

(vgl. das britische Beispiel und den ähnlichen finnischen "Rat für nachhaltige Entwicklung"):
- Vorsitz beim Bundeskanzler (alternativ bei mehreren im Turnus wechselnden Ministern, ähnlich dem schweizerischen IDARio),
- ein Exekutivkomitee zur interministeriellen Vorabklärung, gebildet aus mehreren Bundesministern (Umwelt, Wirtschaft, Verkehr, Bau, Landwirtschaft, Forschung),
- das Plenum aus Vertretern wichtiger Ressorts, des Bundestages, der Bundesländer, der Verbände und der Wissenschaft,
- Arbeitsgruppen, die nach Verursacherbereichen gebildet sind (Beispiel Österreich).

Jenseits der bereits erwähnten Erstellung einer Wissensbasis (s. unter 2) lassen sich folgende institutionell umzusetzenden Funktionserfordernisse für die Planerstellung unterscheiden:
- **Administrative Abwicklung des Planungsprozesses:** Sie liegt in den entwickelten Marktwirtschaften beim Umweltministerium (in der Schweiz beim BUWAL), mitunter bei einer speziellen Planungsabteilung dieses Ministeriums (Niederlande, Südkorea). Diese Zuordnung erscheint auch in der Bundesrepublik grundsätzlich naheliegend. Die gleichzeitige Federführung durch ein wirtschaftsnahes Ministerium (BMWi, ggf. - zur Unterstreichung der Modernisierungsfunktion der Planung - BMBF) sollte aber zur Betonung der Orientierung an wirtschaftlichen win-win-Lösungen erwogen werden.
- **Interministerielle Integration:** Dies letztlich entscheidende Funktionserfordernis ist wegen der hier zu lösenden massiven Interessenkonflikte institutionell besonders schwierig umzusetzen. Mit dem Konsens zwischen Ressorts wird auch der Konsens mit den entsprechenden Klientelgruppen (wie Industrie, Verkehr, Energie, Bau oder Landwirtschaft) erleichtert. Ein interministerielles Koordinationsgremium - hier als Exekutivkomitee des Rates für Umweltplanung - erscheint uns selbst dann sinnvoll, wenn die umweltrelevanten wirtschaftsnahen Verwaltungen in einem formellen Planungsgremium vertreten sind. Liegt die Aufgabe der Konsultation und Koordination zu einseitig beim Umweltministerium, führt dies leicht zu Abwehrhaltungen der anderen Ressorts; sie ist am ehesten einem ohnehin starken oder einem durch Gesetzes- oder Kabinettsauftrag gestärkten Umweltressort zuzutrauen.

Dem Ziel der interministeriellen Integration ist ein klarer Gesetzes- oder Kabinettsauftrag an die wirtschaftsnahen Ministerien förderlich, im Sinne der Agenda 21 eigenständige Beiträge zu einer ökologisch tragfähigen Entwicklung in ihrem Zuständigkeitsbereich - mit entsprechenden Berichtspflichten (Beispiel Großbritannien, Norwegen, Neuseeland) - zu erarbeiten. *Als Minimalvariante ist diese ministerielle Berichtspflicht auch als unabhängige Einzelmaßnahme sinnvoll.*
- **Pluralistische Interesseneinbindung:** Die Aktivierung und Einbindung der wichtigsten beteiligten Interessen ist eine zentrale Funktion eines nationalen Umweltplans i. S. der Agenda 21. Ein konsultatives Planungsorgan, das wich-

tige Einflußträger aus Staat, Wirtschaft, Wissenschaft und Gesellschaft umfaßt, bietet hierfür die besten Voraussetzungen. Dem deutschen Föderalismus und dem System dualer Parteienkoalitionen erscheint die Einbeziehung der Länder und der Parteien angemessen. Ohne Parteienkonsens ist - wie in Kanada, Portugal oder Frankreich - eine konsistente Planungsperspektive durch Macht- und Ministerwechsel gefährdet. Ohne eine Einbeziehung der Länder sind rechtsförmige Konsequenzen und der Vollzug der Planung problematisch (s. u.).

Häufig sind die Planungsgremien in Arbeitsgruppen unterteilt. Im österreichischen NUP-Komitee dienten die sieben Arbeitskreise zugleich der konkreten Beteiligung relevanter Interessen (Bund, Länder, Wirtschafts- und Umweltverbände, Wissenschaft). Die Bildung der Arbeitskreise nach Verursacherbereichen erleichtert konkrete Konsensgespräche. Der IDARio-Ausschuß der Schweiz hat dagegen thematische Arbeitsgruppen und beteiligt Interessengruppen über eine spezielle Kontaktgruppe, was die administrative Effektivität fördern, die konkrete Konsensbildung aber nicht erleichtern dürfte.

- **Konsensgespräche mit Verursacherbereichen:** Die Diskussion des vorgelegten Planentwurfs mit den wichtigsten Verursacherbereichen ist ein zentrales Vehikel der "Internalisierung von Verantwortung", wie sie zuerst in den Niederlanden erprobt wurde. Der Konsens mit den wichtigsten Verursacherbereichen ist Bedingung für deren eigenverantwortliche Beteiligung an der Umsetzung von Planungsvorgaben, speziell für spätere freiwillige Vereinbarungen (s. Punkt 8). Sinnvoll sind klare prozedurale Regelungen. Zu erwägen sind Teilnahmebedingungen wie die grundsätzliche Anerkennung der Problemlage, Anerkennung der Verhandlungsregeln, Verpflichtung, an der Problemlösung eigenverantwortlich mitzuwirken. Der Ausschluß grundsätzlich ablehnender Organisationen kann der Identitätsbildung der Planungsbeteiligten und der Zielstrebigkeit des Prozesses förderlich sein.

Der Prozeß der Konsensbildung betrifft wiederum, Schritt für Schritt: Probleme, Umweltziele, Prioritäten, Maßnahmen und Zeithorizonte im Sinne des Planentwurfs. Die Ergebnisse der Konsensgespräche sollten öffentlich sein, nicht ihr Ablauf.

4.7 Offizielle Vorlage des Umweltplans

Die offizielle Vorlage des nationalen Umweltplans kann durch den Rat für Umweltplanung (oder seinen Vorsitzenden) erfolgen. Der Plan sollte, sofern möglich, parlamentarische Verbindlichkeit erhalten. Da es hierbei nur um eine Rahmengesetzgebung ginge, wäre der Bund insoweit handlungsfähig.

4.8 Umsetzung des nationalen Umweltplans

Neben der Selbstbindung des Staates hat ein nationaler Umweltplan vor allem die Funktion eines Orientierungsrahmens für dezentrale Akteure (Länder/ Kommunen, Branchen/Unternehmen). Die mit Branchen abzuschließenden freiwilligen Vereinbarungen erfordern professionelle Organisation, sie sollten Verbindlichkeit haben und gegebenenfalls nicht nur Verbände, sondern auch ihre Mitglieder binden. In den Niederlanden wurden Klimaschutz-Vereinbarungen des Wirtschaftsministers auch mit einzelnen Unternehmen abgeschlossen. Der oft geringen Verpflichtungsfähigkeit von Verbänden wird damit Rechnung getragen.

4.9 Berichtspflicht, Monitoring der Umsetzung

Berichtspflichten, eine regelmäßige Bewertung der Ergebnisse und die Revision des Plans erfordern eine klare Institutionalisierung. Das Umweltbundesamt könnte (analog zum niederländischen RIVM) die Aufgabe der Berichterstattung - gemeinsam mit Forschungsinstituten und dem Statistischen Bundesamt - wahrnehmen.

4.10 Bewertung der Umsetzung, Revision

Bewertung und Revision könnten Aufgabe des Rates für Umweltplanung sein, der damit zu einer permanenten Einrichtung würde.

Wie zu Beginn des Kapitels vermerkt, ist das vorgestellte Schema die Maximalvariante eines nationalen Umweltplans. Weichere Optionen einer "Strategie ökologisch nachhaltiger Entwicklung" sind unterhalb dieses Modells denkbar und im Interesse des Einstiegs in den Planungsprozeß prüfenswert. Unsere Empfehlung geht allerdings dahin, auch in diesem Fall lediglich die Schritte 5-7 (Erstellung, Beratung und Verabschiedung eines Plans in der dargestellten institutionellen Form) zu variieren. Mit anderen Worten: auch eine "weichere" deutsche Strategie nachhaltiger Entwicklung sollte die beschriebene Wissensbasis haben, auf einem nationalen Diskurs und umfassenden Konsensbildungsprozessen beruhen, auf dezentrale Vereinbarungen hinauslaufen und einem geregelten Überprüfungsmechanismus unterworfen sein. Variationen würden die Zielqualität und die institutionelle Verbindlichkeit im Sinne der in Kapitel II getroffenen Unterscheidung betreffen. Eine Unterschreitung des Niveaus der Agenda 21 und der von ihr geprägten, fortgeschritteneren Fälle von Umweltplanung würde damit nicht notwendig verbunden sein, wenn Funktionen wie die Zielbildung auf breiter Basis, die Integration von Umweltpolitik in andere Ressorts, die Beteiligung der Verursacher an der Problemlösung und die zusätzliche Mobilisierung gesellschaftlicher Handlungsressourcen erfüllt bleiben. Ein Zurückbleiben hinter den bisherigen fortgeschrittenen Ergebnissen des Rio-Prozesses dürfte auch im Hinblick auf den Entwicklungsstand der Bundesrepublik Deutschland und deren Engagement in diesem Prozeß schwer zu vermitteln sein.

5 Flankierung und Kapazitätsbildung

Der Erfolg eines Umweltplanungsprozesses hängt entscheidend von politischen und gesellschaftlichen Unterstützungsfaktoren ab. Besonders genannt seien: Die Schaffung einer angemessenen Infrastruktur, der institutionelle Planungsauftrag, die Flankierung durch staatliche Maßnahmen und die Mobilisierung gesellschaftlicher Unterstutzungsgruppen.
- **Infrastruktur:** Viele Umweltpläne erweisen sich als unzulänglich, weil sie eher beiläufig und mit einer minimalen Infrastruktur erstellt wurden. Oft wird verkannt, daß der langwierige Prozeß einer einvernehmlichen gesellschaftlichen und politischen Zielbildung zur nachhaltigen Entwicklung eine erhebliche organisatorische Anstrengung darstellt. Demgegenüber ist die Tatsache, daß nur wenige Beamte (in der Regel des Umweltministeriums) für die Erbringung dieser hochkomplexen Organisationsleistung zuständig sind, ein wesentliches Defizit (dies ergaben auch unsere Interviews mit Verantwortlichen der österreichischen und schweizerischen Umweltplanung). Industriegesellschaften, die Großprojekte über Planungsbüros mit erheblichen Kosten und Kapazitäten erstellen, können bei der nationalen Umweltplanung nicht auf Nebentätigkeiten und freiwillige (oft amateuristische) Initiativen setzen. Ein anerkanntes Planungsbüro (oder mehrere) sollte die Organisation der konsensualen Zielbildung ebenso unterstützen, wie die wissenschaftliche Begleitung von einem anerkannten Forschungsinstitut (oder mehreren) zu leisten wäre. Hier kann wiederum das niederländische Beispiel als Muster dienen. Auch das regelmäßige Monitoring der Planumsetzung im Lande (Berichtspflicht!) setzt eine zusätzliche Kapazität voraus (OECD 1995).
- **Institutioneller Planungsauftrag:** Die bisherigen Erfahrungen legen eine formelle Verankerung des Planungsprozesses nahe. Die Verpflichtungsgrundlage eines nationalen Umweltplans kann formell ein:
- Gesetzesauftrag,
- Parlamentsauftrag oder
- Regierungsauftrag sein.
Die häufigste Variante ist der Regierungsauftrag (Dalal-Clayton 1996a), der meist an das Umweltministerium gerichtet ist, zugleich aber interministerielle Absprachen verbindlich macht. Eine parlamentarische Beauftragung ist bisher selten, deshalb aber keineswegs unzweckmäßig. In den Niederlanden, Kanada, Frankreich, Dänemark und Schweden wurde der Plan selbst dem Parlament vorgelegt (Dalal-Clayton 1996a).

Die Fälle "starker" Umweltplanung sind durch deren gesetzliche Verankerung gekennzeichnet. Die Niederlande (1993), Neuseeland (1991) und Südkorea (1990) verfügen über einen Gesetzesauftrag zur Umweltplanung (ebenso Japan 1993 und Portugal 1987). Im Umweltbasisgesetz Südkoreas wurden bereits 1990 (in Art. 12-14) alle wesentlichen Aspekte eines nationalen Umweltplans, bis hin zur Finanzierung, geregelt (siehe oben).

Eine formale Regelung von Zuständigkeiten und der Form der Planung setzt aber u.U. einen langwierigen Gesetzgebungsprozeß voraus. Deshalb ist die niederländische Lösung einer gesetzgeberischen Basierung des Planes nach Vorliegen erster positiver Erfahrungen auch für die Bundesrepublik zu erwägen. Die diesbezügliche Gesetzgebung sollte den Planungsprozeß keineswegs erschweren. Sinnvollerweise finden sich Planungsaufträge in einem Grundlagengesetz zum Umweltschutz. Die Bundesrepublik besitzt ein solches Gesetz im Gegensatz zu vielen Ländern nicht. Daher könnte eine entsprechende Novellierung des UVP-Gesetzes erwogen werden (was bei Übernahme des Strategic Environmental Assessment der EU ohnehin naheliegen würde, siehe unten Kapitel V).

- **Flankierende staatliche Maßnahmen:** Der Erfolg einer nationalen Umweltplanung wird von einer Vielzahl flankierender staatlicher Maßnahmen mitbestimmt. Für Dänemark und Schweden (teils auch die Niederlande) ist die parallele ökologische Steuerreform zu erwähnen, für Südkorea ein differenziertes System von Umweltabgaben, auch zur Finanzierung von Planungszielen. Umstellungshilfen für Unternehmen, Forschung und erweiterte Umweltstatistiken (nationale Ressourcenbilanzen, UGR), aber auch - angedrohte und tatsächliche - Regulationen, wenn freiwillige Vereinbarungen nicht erzielbar sind, wären weitere Flankierungsmaßnahmen.
- **Gesellschaftlicher Diskurs:** Kapazität und Kompetenz ist auch die Bedingung für die Organisation dezentraler gesellschaftlicher Diskurse, Konsultationen, Unterstützungsbereitschaften und Zielbildungsprozesse. Desgleichen auch für die so wichtige begleitende Öffentlichkeitsarbeit. Eine parallele Aufklärungskampagne wie in der Schweiz (mit einem Jahresetat von ca. 1,5 Mio. SF) dürfte nicht ausreichen. Gesellschaftliche Unterstützungsbereitschaft ist insbesondere dann zu organisieren, wenn der Wille besteht, strategische Allianzen zur Überwindung bisher ungelöster Umweltprobleme (z. B. Bodenschutz) zu bilden.

Für den Erfolg nationaler Umweltplanung ist entscheidend, daß der gesellschaftliche Diskurs eine eigene Dynamik erhält. Den Umweltverbänden - und ihrer formellen Beteiligung - kommt hier eine wesentliche Aufgabe zu. Ohne den von ihnen ausgehenden Druck ist das Zustandekommen der meisten Umweltpläne in entwickelten Marktwirtschaften nicht zu erklären. In den Niederlanden und in Kanada war neben der Vorlage eines eigenen Plans das gemeinsame Vorgehen der Umweltverbände von besonderer Bedeutung (dieses Maß an Strategiefähigkeit der Umweltverbände muß in Deutschland erst hergestellt werden).

Die Schwierigkeit der NGOs lag oft in ihrer mangelnden Bereitschaft, Kompromisse im Interesse des langfristigen Politiklernens mitzutragen, ohne weiterreichende Forderungen aufzugeben (die moderne Policy-Analyse bewertet angesichts solch langfristiger Lernprozesse den Ausgang politischer Maßnahmen am liebsten in Zehnjahresabständen, vgl. Sabatier 1993). Die deutschen Umweltverbände haben im Laufe der Jahre, mit einer Mitgliedschaft, die die der politischen Parteien übersteigt, eine beachtliche Handlungskapazität entwickelt und im Falle des BUND auch eine wissenschaftlichen Planungsgrundlage für ein "Zukunftsfähiges Deutschland" (BUND/Misereor 1996) angeboten. Ihre Probleme liegen heute eher in der Entwicklung von Konfliktfähigkeiten und gemeinsamen Strategien (z. B. im Rahmen einer Dachorganisation wie in den Niederlanden). Die Bildung von strategischen Allianzen zugunsten kontroverser Planungsziele wird wesentlich auch von ihnen abhängen. Dabei kann mittlerweile auf ein breites Spektrum von anschlußfähigen Interessen - nicht zuletzt bei den "grünen" Unternehmensverbänden und Städtebündnissen - und eine beachtliche Infrastruktur (Akademien, Institute, Zeitschriften) gesetzt werden. Ein nationaler Umweltplan dürfte in dem Maße chancenreich sein, wie der derzeitige politische Abschwung des Umweltthemas durch ein aktives und koordiniertes Vorgehen der Umweltverbände kompensiert wird.

6 Zur bundesstaatlichen und europäischen Dimension von Umweltplanung in Deutschland

6.1 Zur Rolle der Bundesländer

Die systematische Einbeziehung der Bundesländer wurde in den drei analysierten Bundesstaaten (Kanada, Schweiz, Österreich) umgangen. Die weitgehende Ausklammerung der Ebene der Einzelstaaten und Provinzen ist - abgesehen von Australien - auch in anderen nationalen Planungen bisher üblich gewesen (vgl. Dalal-Clayton 1996a, 7f.). Letztlich haben die Planungsprozesse in den untersuchten drei Bundesstaaten nur die interessierten Einzelstaaten stärker berücksichtigt. Die Tendenz, die Länderebene zu überspringen bzw. nur auf kooperationswillige Länder zu setzen, war unübersehbar. Sie ist eine Option, zumal dann, wenn der Widerstand auf dieser Ebene stark ist. In diesem Fall wird auf die Diffusion fortgeschrittener Lösungen in Einzelstaaten gesetzt. Diese Option impliziert eine allein den Bund und andere Akteure als die Länder (insbesondere Branchen und Kommunen) bindende Planung bzw. eine auf Freiwilligkeit setzende reine Konsensstrategie.

Dies kann im ersten Schritt sinnvoll sein, da die Abstimmungsprozesse mit den wirtschaftsnahen Ressorts des Bundes Vorrang haben und möglicherweise noch schwieriger zu gestalten sind. Unterhalb der Schwelle der Verrechtlichung kann der für den Planungsprozeß wesentliche Konsensmechanismus auch auf die Bundesländer angewendet werden. Die Möglichkeit, eine nationale Nachhaltigkeitsstrategie als bloße Aktivität der Bundesregierung - unter Ausschluß gesetzgebender Körperschaften - zu gestalten, hat die US-Regierung 1996 vorexerziert. Die Schwächen dieses Verfahrens liegen nicht zuletzt in der erhöhten Schwierigkeit einer flankierenden Gesetzgebung.

6.2 Zur europäischen Dimension der Umweltpolitikplanung

Die Umweltpolitik eines jeden Mitgliedstaates der Europäischen Union kann nur in Kenntnis der europäischen Umweltpolitik und der wechselseitigen Beziehungen zwischen einzelstaatlicher, europäischer und internationaler Umweltpolitik verstanden werden. Mehr noch, es besteht auch ein komplexes Wechselverhältnis zwischen Umweltpolitik und anderen Politiken auf allen Ebenen. Dies muß bei der Erstellung eines Umweltplanes berücksichtigt werden.

Das Fünfte Umweltaktionsprogramm, das weitgehend auf den niederländischen NEPP zurückgeht, hat insgesamt einen nicht unerheblichen Stellenwert für nationale Umweltplanung und ist häufiger Bezugspunkt nationaler Umweltpläne in Europa. Allerdings ist seine Bindungswirkung insgesamt gering. Zumindest, was die Zielgruppenorientierung angeht, bietet es einen brauchbaren und für die Belange in Deutschland anpaßbaren Orientierungsrahmen.

Im ersten Schritt des Planungsprozesses können Verpflichtungen und Zielvorgaben, die in multilateralen Umweltübereinkommen oder in der Gesetzgebung der Europäischen Union verankert sind, als 'Mindestanforderungen' für die innerstaatliche Umweltpolitik festgehalten werden (siehe oben). Die Zahl derartiger Verpflichtungen ist allerdings hoch: Eine Aufstellung in den Niederlanden kam auf rund 2000 Einzelvorgaben (unklar ist, ob diese Zahl auch innerstaatliche niederländische Vorgaben einschließt); eine ähnliche Aufstellung wird aus Frankreich erwartet. Diese Vorgaben stellen ein Grundgerüst oder 'Eckpunkte' für einen Umweltplan dar, über die nicht im Einzelnen verhandelt oder gestritten werden muß. Schon die übersichtliche, handlungsorientierte Zusammenstellung dieser Verpflichtungen und Zielvorgaben kann strukturierend für das weitere Vorgehen wirken und daher ein sinnvoller erster Baustein eines Umweltplanes sein.

Zugleich können auf der internationalen oder europäischen Ebene eingegangene Verpflichtungen oder vereinbarte Zielvorgaben auch Restriktionen darstellen, die ebenso wie die erwähnten 'Eckpunkte' benannt werden sollten. Sie können auf verschiedene Weise als Hemmnis wirken, und zwar direkt, wenn sie weder unter- noch überschritten werden dürfen (Harmonisierungsmaßnahmen), oder indirekt, wenn sie bestimmte Wahrnehmungen des Umweltproblems reflektieren und eine Handlungsrichtung oder sogar bestimmte Instrumente vorschreiben.

Wichtiger noch ist es, Entwicklungen auf der europäischen Ebene als Chance zur Modernisierung der innerstaatlichen Umweltpolitik zu begreifen und zu nutzen. Ähnlich wie zwischen den Bundesländern in Deutschland ein teils diffuser, teils aber auch strukturierter Erfahrungsaustausch und Lernprozeß zu beobachten ist, gibt es auch einen Austausch umweltpolitischer Ideen und eine aus der wechselseitigen fachspezifischen Kommunikation und Vernetzung gespeiste gegenseitige Beeinflussung der Mitgliedstaaten. Über diesen Mechanismus sind fallweise in anderen Staaten gereifte umweltpolitische Konzepte oder Instrumente nach Deutschland gekommen.

So hätte es ohne den Einfluß Großbritanniens und der Niederlande auf die europäische Umweltpolitik nicht die Öko-Audit-Verordnung und damit die Chance gegeben, Umweltschutz als eine zentrale, formale Managementfunktion zu etablieren. Die Richtlinie über die integrierte Vermeidung von Umweltbelastungen (IVU-Richtlinie) kann als Chance zur Modernisierung von Strukturen und Verfahren in der Umweltverwaltung begriffen werden, eine Aufgabe, die unabhängig von der Zuständigkeitsverteilung im einzelnen als Bestandteil einer Umsetzungsplanung gesehen werden kann.

Eine möglicherweise bedeutende Rolle für den so wichtigen Integrations- und Querschnittsaspekt von Umweltplanungen bzw. Nachhaltigkeitsprogrammen könnte einer künftigen EU-Richtlinie über die Durchführung strategischer Umweltfolgenprüfung (SUP) zukommen. Diese wird bisweilen irreführend als "strategische UVP" bezeichnet, was fälschlich impliziert, daß es sich um eine der (projektbezogenen) Umweltverträglichkeitsprüfung artverwandtes Instrument handele. Vielmehr geht es hier um die so weit wie möglich verläßliche Abschätzung der Umweltauswirkungen von strategischen Politikentscheidungen oder einzelnen Programmen. Sie kann (ob sie es tun wird, ist noch unsicher) als Konkretisierung oder Operationalisierung des im EG-Vertrag verankerten "Integrationsprinzips" oder "Querschnittsprinzips" verstanden werden, wonach die Erfordernisse des Umweltschutzes in anderen Politikbereichen berücksichtigt werden müssen. Dieser ressortübergreifende Integrationsauftrag kann nur bei Vorhandensein geeigneter Instrumente erfüllt werden. Die strategische Umweltprüfung kann ein solches Instrument sein und so dem Umweltschutz dienen. Dabei ist sie aber nicht Teil einer (nachsorgenden) Umweltpolitik, sondern vielmehr notwendiger Bestandteil anderer Politikbereiche, wie der Handels-, Energie-, Verkehrs- oder Landwirtschaftspolitik. Als Instrument kann die strategische Umweltfolgenprüfung als Planungsinstrument angesehen bzw. als Teil einer umweltbezogenen, langfristigen Planung verstanden werden. Eine Reihe von europäischen Ländern hat im Rahmen von Umweltplänen verschiedene Varianten ressortübergreifender Umweltberichts- und Bewertungsformen entwickelt (Dänemark, Norwegen, Großbritannien, Portugal).

Schließlich kann die europäische und die internationale Ebene auch als eigenständiges Gestaltungsfeld zum Schutz der Umwelt und der natürlichen Lebensgrundlagen betrachtet werden. Viele umweltpolitische Zielvorgaben lassen sich nur oder häufig besser über die aktive Mitgestaltung auf dieser Ebene erreichen. Die Mit- und Umgestaltung von EU-Regeln kann in einem Umweltplan als Aufgabe einzel- und innerstaatlicher Umweltpolitik thematisiert und über die Benennung einzelner Konfliktfelder konkretisiert werden.

7 Nationale Umweltplanung als politisch-ökonomische Modernisierung: Skizze einer Begründungsbasis

Es soll hier (auftragsbedingt) nicht entschieden werden, ob die Bundesrepublik Deutschland einen nationalen Umweltplan braucht. Gegengründe könnten sich aus den Erfahrungen mit der Planungseuphorie der sechziger Jahre oder den Defiziten bisheriger Umweltplanungen (auch in den Niederlanden) speisen oder auf die Tatsache Bezug nehmen, daß die Bundesrepublik bereits ein differenziertes - aber unkoordiniertes - Netz von Umwelt-Fachplanungen besitzt. Im folgenden sollen demgegenüber Gründe genannt werden, die im Falle eines Eintritts in einen Planungsprozeß im Sinne der Agenda 21 zur Stützung des Vorhabens angeführt werden können. Dabei ist auch daran zu denken, daß die Bundesrepublik Deutschland mit dem Umweltprogramm 1971 (das 1976 fortgeschrieben wurde) bereits einen hochentwickelten Umweltplan - mit 54 budgetierten Einzelmaßnahmen - besaß.

7.1 Internationale Vorgaben und Entwicklungen

Langfristige Umweltplanung im Sinne der Agenda 21 ist eine Vorgabe der UNCED-Konferenz von Rio, die für die Bundesrepublik allein schon deshalb hohen Rang haben muß, weil diese den Rio-Prozeß maßgeblich mitbestimmt hat. Im Juni 1997 fand eine Sondersitzung der UN-Vollversammlung statt, die die Umsetzung der Agenda 21 evaluierte. Die oben beschriebenen Folgewirkungen des Nach-Rio-Prozesses wie auch das 5. Umweltaktionsprogramm der EU bieten eine Begründungsbasis für den Eintritt in einen nationalen Prozeß der Umweltplanung. Die inhaltliche Begründung - der Verweis auf umweltpolitische wie wirtschaftspolitische Vorteile - hat u. E. größere Bedeutung. Dabei ist auch daran zu denken, daß die Bundesrepublik Deutschland mit dem Umweltprogramm 1971 (das 1976 fortgeschrieben wurde) bereits einen hochentwickelten Umweltplan - mit 54 budgetierten Einzelmaßnahmen - besaß.

7.2 Umweltpolitische Gründe für eine strategische Umweltplanung

Umweltpolitische Gründe einer Umweltplanung im Sinne der Agenda 21 liegen vor allem in ihrer Funktion der Politikintegration:
- **Planungsintegration:** Es gibt in Industrieländern eine große Zahl unkoordinierter Einzelplanungen. In Deutschland bestehen z. B. Abfallwirtschafts- und Entsorgungspläne, wasserwirtschaftliche Rahmenplanungen, Gewässerschutzplanung, Luftreinhaltepläne, Landschaftsplanung, Raumordnung (Buchwald/ Engelhardt 1996). Ihnen fehlt der übergreifende Gesamtrahmen und die mit ihm verbundene sachliche Aufwertung.
- **Policy monitoring:** Bereits vorhandene Zielvorgaben in Gesetzen, Programmen und internationalen Abkommen lassen sich in einem übergreifenden Plan transparent machen (Beispiel Klimaschutz). Solche Zielvorgaben sind in beachtlichem Maße selbst in den zuständigen Verwaltungen unbekannt und müssen dort mitunter durch spezielle Gutachten ermittelt werden. Ein nationaler Umweltplan bietet darüber hinaus Möglichkeiten der Integration bereits vorhandener Selbstverpflichtungen von Branchen und Städten (s. o.). Hier ist er nicht nur ein zentraler Orientierungsrahmen für dezentrale Akteure, sondern auch eine entscheidende Informationsgrundlage für zentrale Institutionen. Die Funktion des policy monitoring von staatlichen und gesellschaftlichen Umweltzielen - unter Zuhilfenahme moderner Informationstechnik - erscheint uns eine der wichtigsten Möglichkeiten nationaler Umweltpläne. Sie ist auch als Maßnahme für sich zu empfehlen.
- **Integration gesellschaftlicher Akteure:** Die "externe" Integration wichtiger Interessengruppen und speziell der Verursacherbereiche, aber auch die Bildung strategischer Allianzen für schwer zu realisierende Langzeitziele sind ein Vorteil von Umweltplanung für die Umweltpolitik. Sie schaffen potentiell Bedingungen für kreatives Politiklernen (policy learning) unter Einbezug des Sachverstandes der Zielgruppen und erhöhen zugleich die politischen Ressourcen der Umweltpolitik.
- **Umweltpolitische Zielbildung als Verwaltungsentlastung:** Umweltpolitische Zielbildungen auf breiter gesellschaftlicher Grundlage können - bei hinreichender kommunikativer Verdeutlichung der Problemlage - ein eigenständiger Einflußfaktor sein. Sie haben für Innovationsprozesse offensichtliche Bedeutung. Eine Umweltstrategie, die die konsensuale gesellschaftliche Zielbildung und Kommunikation in den Vordergrund rückt und für die Implementation einen breiten Handlungs- und Innovationsspielraum dezentraler Akteure eröffnet, kann mithin die Verwaltung entlasten. In den Niederlanden wie in Neuseeland war Umweltplanung mit konkreten Gesetzes- und Verwaltungsvereinfachungen verbunden (Regelungen im Umweltmanagementgesetz von 1993 und im Resource Management Act von 1991). Insgesamt besteht ein interes-

santer Zusammenhang zwischen Umweltplanung und Reformprinzipien des New Public Management.
- **Planung für ungelöste Umweltprobleme:** Die stärkste Bedeutung von Umweltplanung dürfte in der Tatsache liegen, daß sie ein strategischer Ansatz für diejenigen - in der Regel ungelösten - Umweltprobleme ist, die nicht dem Gefahren- und Risikoparadigma entsprechen, sondern den Charakter einer schleichenden Umweltverschlechterung haben (Bodenbelastung, Flächenverbrauch, Klimaverschlechterung, Artenverlust etc.). Dieser in der publizistischen Wahrnehmung unterrepräsentierte "undramatische" Problemtypus ist mit den herkömmlichen reaktiven Mechanismen des politischen Prozesses nur schwer zu bewältigen. Die politische Ressource öffentlicher Mobilisierung muß hier häufig durch institutionelle Antizipationsleistungen ersetzt werden. Eine institutionalisierte Umweltplanung, die zugleich die Informations, Integrations- und Partizipationsfähigkeit der Umweltpolitik verbessert, kann demgegenüber grundsätzlich als wesentlicher Schritt der Kapazitätsverbesserung angesehen werden (Jänicke/Weidner 1997).

7.3 Ökonomische Gründe

Den ökonomischen Gründen für eine nationale Umweltplanung kommt u. E. eine noch höhere Bedeutung zu. In einigen fortgeschrittenen Ländern hat die Umweltplanung zugleich eine ökonomische Modernisierungsfunktion zur Steigerung der Wettbewerbsfähigkeit des Landes. Dabei geht es vor allem um kostendämpfende Effizienzsteigerungen beim betrieblichen Ressourceneinsatz, um neue Märkte und first-mover advantages für umweltfreundliche Technologien und Produkte. Verwiesen sei in diesem Zusammenhang auf die neuere umweltökonomische Innovationsdebatte (vgl. Porter/van der Linde 1995, Wallace 1995). Die Tatsache, daß in der Bundesrepublik knapp 40 Prozent der Betriebskosten eines Industrieunternehmens Materialkosten (und nur 25 Prozent Personalkosten) sind, zeigt, welche Bedeutung z. B. allein Effizienzsteigerungen beim betrieblichen Ressourceneinsatz haben können. Wachsende Märkte für "grüne" Produkte - bei weltweiter Ausbreitung des Eco-Labelling - wären ein anderes Beispiel. Nationale Umweltplanung kann hier folgende Funktionen haben:
- **Umweltplanung als Modernisierungsfaktor:** die Niederlande, die Schweiz, Dänemark, Schweden, aber auch Kanada, die USA, Japan und nicht zuletzt Südkorea verfolgen mit ihren Umweltplänen und Nachhaltigkeitsstrategien zugleich auch wirtschafts- und technologiepolitische Ziele, die die Wettbewerbsbedingungen des eigenen Landes verbessern sollen. In den Niederlanden hat der Anteil integrierter Umwelttechnik im Vergleich zum end-of-pipe treatment mit dem ersten Umweltplan nachweislich zugenommen (Crul/ Schelleman 1995, 19). Im Zwischenbericht der (vom Bundesamt für Außenwirtschaft mitgeprägten) schweizer IDARio heißt es: "Eine Erhöhung der Ressourcenproduktivität ist nicht nur sinnvoll in bezug auf eine Verringerung des 'Natur-

verbrauchs' und der Reduktion schädlicher Emissionen, sondern wirkt sich auch positiv auf die volkswirtschaftliche Leistungsfähigkeit aus" (IDARio 1996, 10). Der amerikanische National Science and Technology Council legte 1994 den Bericht "Technology for a Sustainable Future - A Framework for Action" vor, der die Entwicklung fortgeschrittener Umwelttechnologien zugleich als Exportstrategie konzipiert (TA-Datenbank-Nachrichten 1/1996, 18). Südkorea formuliert in seinem Langzeitplan "Korea's Green Vision 21" (1995) geradezu eine aggressive Exportstrategie. Unter der Maxime: "From a Model Country of Economic Growth to a Model Country of Environmental Preservation" wird das mittelfristige Ziel "strategischer Exporte" von umweltfreundlichen Technologien verkündet (Ministry of Environment 1995).

- **Umweltplanung als Exportförderung:** Die angeführten Beispiele verweisen auf die Möglichkeit, daß sich im Zeichen des Rio-Folgeprozesses zugleich ein internationaler Wettbewerb um effiziente Regulationsmuster zur Förderung exportfähiger integrierter Umwelttechnologien entwickelt oder bereits entwickelt hat. Vorhandene nationale Umweltpläne bzw. Nachhaltigkeitsstrategien in hochentwickelten Ländern dürften die Nachfrage- und Angebotsstruktur des Weltmarktes zunehmend beeinflussen. Diese potentielle Rolle des Umweltschutzes als Modernisierungsmotor von Volkswirtschaften kann den Verzicht auf eigene Maßnahmen problematisch machen.
- **Umweltplanung als Modus der Innovationsförderung:** Umweltpläne im Sinne der Agenda 21 sind potentiell eine Form staatlicher und gesellschaftlicher Einflußnahme, die der Komplexität von Innovationsbedingungen ganz anders entspricht als mechanistisch-lineare Steuerungskonzepte, wie sie in der "Instrumentendebatte" der Umweltpolitik bisher vorherrschten (Jänicke 1996). Umweltpläne, die Ziele und Zeithorizonte klar vorgeben, die Mittelwahl aber für betriebliche Innovationsprozesse offenhalten, sind eine sinnvolle Form, technischen Fortschritt gleichermaßen zu stimulieren und zu fokussieren: Durch kalkulierbare gesellschaftliche Zielvorgaben schaffen sie gleichermaßen Innovationsanreize wie höhere Investitionssicherheit; zugleich intensivieren sie Informations- und Kommunikationsprozesse, die sich als wichtige Erfolgs- und Innovationsbedingung des Umweltschutzes erwiesen haben (Jänicke/Weidner 1995).

Empfehlung: Vorrang sollte ein Vorgehen haben, das die Vorteile einer politischen und ökonomischen Modernisierung betont - eine Strategie, die umweltpolitische Verwaltungs-, Integrations- und Zielbildungsprozesse erleichtert und die zugleich die nach Form und Inhalt ökonomische Vorteile (win-win-Lösungen) sucht und Innovationsprozesse stimuliert.

Literatur

Association of the Provinces of the Netherlands, 1996: Enforcement of the Interprovincial Plan of Approach for the Implementation of the National Environmental Policy Plan - Final Report. The Hague, IPO-projectgroep A178.
Bass, Stephen und Barry Dalal-Clayton, 1995: Small Island States and Sustainable Development: Strategic Issues and Experience. Environmental Planning Issues. International Institute for Environment and Development (IIED). IIED, London.
Bass, Stephen, Barry Dalal-Clayton und Jules Pretty, 1995: Participation in Strategies for Sustainable Development. Environmental Planning Issues. International Institute for Environment and Development (IIED). IIED, London.
Beuermann, Christiane und Bernhard Burdick, 1996: The Evolution of National Sustainable Development Strategies - The German Case Study. Wuppertal Institute for Climate, Environment, Energy.
Bressers, Hans Th. A. und Loret A. Plettenburg, 1997: The Netherlands, in: Martin Jänicke and Helmut Weidner (Hrsg.), National Environmental Policies - A Comparative Study of Capacity-Building. Berlin, Heidelberg, New York: Springer-Verlag.
Bressers, Hans und Frans Coenen, 1996: Green Plans: Blue-prints or Statements of Future Intent for Future Decisions. Center for Clean Technology and Environmental Policy (CSTM). University of Twente: Enschede.
British Government Panel on Sustainable Development, 1996: British Government Panel on Sustainable Development, Second Report. London, Department of the Environment.
Buchwald, Konrad und Wolfgang Engelhardt (Hrsg.), 1996: Bewertung und Planung im Umweltschutz. Umweltschutz - Grundlagen und Praxis, Band 2. Bonn: Economica.
BUND und Misereor (Hrsg.), 1996: Zukunftsfähiges Deutschland. Ein Beitrag zu einer global nachhaltigen Entwicklung. Basel, Boston, Berlin: Birkhäuser Verlag.
Carew-Reid J., R. Prescott-Allan, S. Bass und B. Dalal-Clayton, 1994: Strategies for National Sustainable Development. A Handbook for Their Planning and Implementation. London: Earthscan.
Carius, Alexander, 1996: "Strategische Umweltplanung in Portugal: Das Fundament steht." in: Politische Ökologie, Juli/August 1996, 15-16.
Christiansen, Peter Munk und Lennart J. Lundqvist, 1996: Conclusion: A Nordic Environmental Policy Model?, in: Peter Munk Christiansen und Lennart J. Lundqvist (Hrsg.), Governing the Environment: Politics, Policy, and Organization in the Nordic Countries.
Coenen, Frans, 1996: The Effectiveness of Local Environmental Policy Planning. Center for Clean Technology and Environmental Policy (CSTM). University of Twente, Enschede.
Coenen, Reinhard, 1996: "Deutschlands Schritte zu einer nachhaltigen Entwicklung.", in: TA-Datenbank-Nachrichten 5, (2), 4-8.
Coenen, Reinhard, 1996: "Indicators of Sustainable Development for the United Kingdom.", in: TA-Datenbank-Nachrichten 5, (2), 9-11.
Coenen, Reinhard, 1996: "Bridge to a Sustainable Future - The U.S. National Environmental Technology Strategy.", in: TA-Datenbank-Nachrichten 5, (1), 18-24.
Cohen, Steven und Sheldon Kamieniecki, 1991: Environmental Regulation Through Strategic Planning. Boulder, San Francisco, Oxford: Westview Press.

Conrad, Jobst, 1995: Erfolgsbedingungen von Umweltpolitik: die Wirksamkeit von Instrumenten aus der Sicht von europäischen Unternehmen. Berlin: Forschungsstelle für Umweltpolitik.

Crul, Marcel und Fred Schelleman, 1995: Long-term Environmental Planning and the Use of Integrated Environmental Technology: The Dutch Experience. Project Commissioned by the Office of Technology Assessment of the German Parliament (TAB). Bonn.

Dalal-Clayton, Barry, 1996a: Great Expectations? Green Planning in Industrial Countries. Paper presented at the International Conference: The Environment in the 21st Century: Environment, Long-term Governability and Democracy. Abbaye de Fontevraud, France, 8-11 September.

Dalal Clayton, Barry, 1996b: Green Plans. London: Earthscan Publications.

Darier, Éric, 1995: Environmental Governmentality: The Case of Canada's Green Plan. School of Policy Studies Environmental Policy Unit. Queen's University, Kingston, Ontario.

de Boer, Margaretha, 1995: the environment, space and living quality: time for sustainability. The Hague, Ministry of Housing, Spatial Planning and the Environment.

de Jongh, Paul E., 1996: "Environmental Planning in the Netherlands, Prospective for Democracy." Tagung: "The Environment in the 21st Century: Environment, Long-Term Governability and Democracy", Abbaye de Fontevraud, France.

Deutsche Gesellschaft für Technische Zusammenarbeit (GTZ) GmbH, 1993: Institutionenentwicklung im Umweltbereich. Abteilung Umwelt- und Ressourcenschutz. GTZ, Eschborn.

Downs, Anthony, 1972: Up and Down with Ecology - the "Issue-Attention-Cycle", in: Public Interest 28, 38-50.

ENDS, 1996: "Brussels bids to revive flagging environment programme.", in: ENDS Report (253): 24-27.

Environment Department, World Bank, 1995: National Environmental Strategies: Learning from Experience. Dissemination Notes. Toward Environmentally and Socially Sustainable Development. Washington D.C., World Bank.

Environment Department, World Bank, 1995: The Urban Challenge in National Environmental Strategies. Dissemination Notes. Toward Environmentally and Socially Sustainable Development. Washington D.C., World Bank.

Europe, The Regional Environmental Center for Central and Eastern, 1995: Status of the National Environmental Action Programs in Central and Eastern Europe. Budapest.

Fahrenhorst, Brigitte (Hrsg.), 1996: The National Environmental Management Plan of Eritrea (NEMP-E). Berlin/Köln: Gesellschaft für internationale Entwicklung/Heinrich Böll Stiftung.

Falloux, Francois und Lee M. Talbot, 1993: "Green plans of the north." in: Francois Falloux und Lee M. Talbot (Hrsg.): Crisis and Opportunity. Environment and development in Africa 81-87. London, Earthscan.

Finnish National Commission on Sustainable Development, 1995: Finnish Action for Sustainable Development. Forssa, Finnish National Commission on Sustainable Development.

Government of Canada, Ministry of Supply and Services, 1990: Canada's Green Plan for a healthy environment. Ottawa, Ontario.

Government of Canada, Ministry of Supply and Services, 1990: Canada's Green Plan.: The First Year. Ottawa, Ontario.

Government of Canada, Ministry of Supply and Services, 1990: Canada's Green Plan.: The Second Year. Ottawa, Ontario.

Government of Canada, 1990: Canada's Green Plan in Brief. Ottawa, Canada Communication Group.

Greenprint for Canada Committee, 1989: Greenprint for Canada: A Federal Agenda for the Environment. Greenprint for Canada Committee, Ottawa, Ontario.

Héritier, Adrienne (Hrsg.), 1993: Policy-Analyse. Kritik und Neuorientierung, Politische Vierteljahresschrift, Sonderheft 24. Opladen: Westdeutscher Verlag.

Hill, Julie, 1993: National Sustainability Strategies - A Comparative Review of the Status of Five Countries: Canada, France, the Netherlands, Norway and UK. UK Department of the Environment. Oxford.

Hoberg, George und Kathryn Harrison, 1994: It's Not Easy Being Green: The Politics of Canada's Green Plan, in: Canadian Public Policy, 20, 2, 119-137.
IDARio (Interdepartementaler Ausschuss Rio), 1995: Elemente für ein Konzept der nachhaltigen Entwicklung. Bern: BUWAL.
IDARio (Interdepartementaler Ausschuss Rio), 1996: Nachhaltige Entwicklung in der Schweiz. Bern: BUWAL.
Jänicke, Martin, 1993: Über ökologische und politische Modernisierungen, Zeitschrift für Umweltpolitik und Umweltrecht 16, 159-175.
Jänicke, Martin, 1996: Über Mittel und Ziele der Umweltpolitik. Zehn Thesen wider den ökologischen Instrumentalismus, in: Informationsdienst IÖW/VÖW, Jahrgang 10, Nr. 2, 6-7.
Jänicke, Martin (Hrsg.), 1996: Umweltpolitik der Industrieländer. Entwicklung - Bilanz - Erfolgsbedingungen. Berlin: edition sigma.
Jänicke, Martin und Helge Jörgens, 1996: National Environmental Policy Plans and Long-term Sustainable Development Strategies: Learning from International Experiences. Paper presented at the International Conference: The Environment in the 21st Century: Environment, Long-term Governability and Democracy. Abbaye de Fontevraud, France, 8-11 September.
Jänicke, Martin und Helmut Weidner (Hrsg.), 1995: Successful Environmental Policy - A Critical Evaluation of 24 Cases. Berlin: edition sigma.
Jänicke, Martin und Helmut Weidner (Hrsg.) (in coll. with Helge Jörgens), 1997: National Environmental Policies - A Comparative Study of Capacity-Building. Berlin, Heidelberg, New York: Springer-Verlag.
Jänicke, Martin und Helmut Weidner, 1997a: Summary: Global Environmental Policy Learning, in: M. Jänicke und H. Weidner (Hrsg.), National Environmental Policies - A Comparative Study of Capacity-Building. Berlin, Heidelberg, New York: Springer-Verlag.
Jörgens, Helge, 1996: Die Institutionalisierung von Umweltpolitik im internationalen Vergleich, in: Martin Jänicke (Hrsg.), Umweltpolitik der Industrieländer. Entwicklung - Bilanz - Erfolgsbedingungen. Berlin: edition sigma, 59-111.
Johnson, Huey D., 1995: Green Plans. Greenprint for Sustainability. Lincoln and London, University of Nebraska.
Knoepfel, Peter, 1997: Switzerland, in: M. Jänicke und H. Weidner (Hrsg.), National Environmental Policies - A Comparative Study of Capacity-Building. Berlin, Heidelberg, New York: Springer-Verlag.
Kopfmüller, Jürgen, 1996: "Der nationale Umweltplan (NUP) für Österreich.", in: TA-Datenbank-Nachrichten 5, (1), 12-15.
Krings, Bettina-Johanna, 1996: "Die Umsetzung der nachhaltigen Entwicklung in der Schweiz." in: TA-Datenbank-Nachrichten 5, (2), 22-25.
Lampietti, Julian A. und Uma Subramanian, 1995: Taking Stock of National Environmental Strategies. Environmental Management Series Paper No. 010. World Bank.
Marques, Viriato Soromenho, 1995: Parecer do Conselho Económico e Social sobre O Plano Nacional de Política de Ambiente (PNPA).
Metzner, Joachim, 1996: Environmental Action Plans - Conception and Implementation, in: Brigitte Fahrenhorst (Hrsg.), The National Environmental Management Plan of Eritrea. Berlin/Köln: Gesellschaft für internationale Entwicklung/Heinrich Böll Stiftung, 25-28.
Milieudefensie (Hrsg.), 1992: Action Plan Sustainable Netherlands. Amsterdam.
Ministerio de Obras Públicas, Transportes y Medio Ambiente, 1995: Estrategia nacional para la conservación y el uso sostenible de la diversidad biológica. Madrid.
Ministry for the Environment, New Zealand, 1995: Implementing Sustainability: New Zealand's Experience with its Resource Management Act. Address to World Resources Institute / NZ Embassy Seminar.
Ministry of Environment and Energy, 1995: Denmark's Nature and Environmental Policy. Kopenhagen.
Ministry of Environment and Energy, 1996: Denmark's Energy Future. Kopenhagen.

Ministry of Environment (o.J., vermutlich 1993): Environmental Acts of the Republic of Korea. Kwacheon.
Ministry of Environment, 1994: Environmental Protection in Korea. Kwacheon.
Ministry of Environment, 1995: Korea's Green Vision 21. Kwacheon.
Ministry of the Environment of the Slovak Republik, 1993: Strategy, Principles and Priorities of the Governmental Environmental Policy. Bratislava.
Ministry of the Environment: Our Environment. Environmental Activities During the Year, Stockholm 1996.
Ministry of Housing, Physical Planning and Environment (VROM), 1989: To Choose or to Lose: National Environmental Policy Plan. The Hague.
Ministry of Housing, Physical Planning and Environment (VROM), 1990: National Environmental Policy Plan Plus. The Hague.
Ministry of Housing, Physical Planning and Environment (VROM), 1993: National Environmental Policy Plan 2: The Environment: Today's Touchstone. The Hague.
Ministry of Housing, Spatial Planning and the Environment, 1994: Towards a Sustainable Netherlands: Environmental Policy Development and Implementation. The Hague.
Ministry of Housing, Physical Planning and Environment, 1995: Consolidation and Intensification. Summary of the Sixth Progress Report on Environmental Law Enforcement, Period 1993/1994. The Hague.
Nam, Young-Suck, 1997: Korea, in: Martin Jänicke und Helmut Weidner (Hrsg.), National Environmental Policies - A Comparative Study of Capacity-Building. Berlin, Heidelberg, New York: Springer-Verlag, 199-212.
National Institute of Public Health and Environmental Protection (RIVM), 1994: National Environmental Outlook 1993-2015. Bilthoven.
Neu, Helmut, 1995: Der Nationaal Milieubeleidsplan Plus: Die Reaktion der niederländischen Regierung auf die kritische Diskussion des Nationaal Milieubeleidsplan, in: Wirtschaftswissenschaftliche Diskussionsbeiträge 5. Münster: Fachhochschule des Bundes für öffentliche Verwaltung.
Neu, Helmut, 1995: Grundprinzipien des niederländischen Umweltpolitkplans: "Nationaal Milieubeleidsplan" (NMP), in: Wirtschaftswissenschaftliche Diskussionsbeiträge. Münster: Fachhochschule des Bundes für öffentliche Verwaltung.
Nielsen, Richard, 1992: "Waiting for a U.S. Green Plan.", in: Whole Earth Review (Summer 1992), 60-61.
Nunes Correia, Francisco 1996: Plano Nacional da Política de Ambiente: Metodologia de Elaboracao e Orientacoes Estratégicas.
OECD (Organization for Economic Co-operation and Development), 1994: Capacity Development in Environment. Paris: OECD.
OECD, 1995: Planning for Sustainable Development. Country Experiences. Paris: OECD.
Österreichische Bundesregierung, 1995: Österreich - Nationaler Umwelt Plan. Wien.
Paehlke, Robert, 1990: Democracy and Environmentalism: Opening a Door to the Administrative State, in: Robert Paehlke und Douglas Torgerson (Hrsg.), Managing Leviathan. Environmental Politics and the Administrative State. Petersborough, Ontario: Broadview Press, 35-51.
Potier, Michel 1996: Integrating Environment and Economy, in: The OECD Observer No. 198, 6-10.
Porter, Michael E. und Claas van der Linde, 1995: Green and Competitive: Ending the Stalemate, in: Harvard Business Review, September-October 1995, 120-134.
REC (Regional Environmental Center for Central and Eastern Europe), 1996: Status of National Environmental Action Programs in Central and Eastern Europe. Abrufbar auf der WorldWideWeb Seite des REC (http://www.rec.hu/).
RRI (Resource Renewal Institute), 1996: A Green Plan Primer. Abrufbar auf der WorldWideWeb Seite des Resource Renewal Institute (http://www.rri.org/index.html).

RRI (Resource Renewal Institute), 1996a: Environmental Atlas Series: New Zealand. March 8, 1996 (http://www.rri.org/envatlas) Resource Renewal Institute.

RRI (Resource Renewal Institute), 1996b: Environmental Atlas Series: The Netherlands (http://www.rri.org/envatlas), Resource Renewal Institute.

RRI (Resource Renewal Institute), 1996c: Environmental Atlas Series: Canada (http://www.rri.org/envatlas), Resource Renewal Institute.

Sabatier, Paul A., 1993: Advocacy-Koalitionen, Policy-Wandel und Policy-Lernen. Eine Alternative zur Phasenheuristik, in: Adrienne Héritier (Hrsg.), Policy-Analyse. Kritik und Neuorientierung, Politische Vierteljahresschrift, Sonderheft 24. Opladen: Westdeutscher Verlag, 116-148.

Swedish Environmental Protection Agency: Strategy for Sustainable Development. Proposals for a Swedish Programme - Enviro '93. Stockholm 1994.

Toner, Glen, und Bruce Doern, 1994: "Five Political and Policy Imperatives in Green Plan Formation: The Canadian Case.", in: Environmental Policy 3, (3), 395-420.

Tuininga, Eric Jan, 1995: Going Dutch in Environmental Policy, Informationsdienst IÖW/VÖW, 10. Jg., Nr. 2, 1-6.

Tweede Kamer der Staten Generaal, 1995: Convenanten van het Rijk met bedrijven en instellingen. Vergaderjaar 1995-1996, 24 480, nrs. 1-2.

UK Government, 1994: Biodiversity: The UK Action Plan. London: Department of the Environment.

UK Government, 1994: Sustainable Forestry: The UK Programme. London: HMSO.

UK Government, 1994: Sustainable Development: The UK Strategy. London: Department of the Environment.

UK Government, 1995: This Common Heritage: UK Annual Report 1995. Reporting on the UK's Sustainable Development Strategy of 1994 (Including the Environmental Strategy of 1990). London: HMSO.

Wallace, David, 1995: Environmental Policy and Industrial Innovation. Strategies in Europe, the USA and Japan. London: Earthscan.

WCED (The World Commission on Environment and Development), 1987: Our Common Future. Oxford: Oxford University Press.

Weale, Albert, 1992: The New Politics of Pollution. Manchester, New York: Manchester University Press.

Weale, Albert, 1997: United Kingdom, in: M. Jänicke und H. Weidner (Hrsg.), National Environmental Policies - A Comparative Study of Capacity-Building. Berlin, Heidelberg, New York: Springer-Verlag.

Weidner, Helmut, 1996: Basiselemente einer erfolgreichen Umweltpolitik. Eine Analyse und Evaluation der Instrumente der japanischen Umweltpolitik. Berlin: edition sigma.

Wilkinson, David und Sally Mullard, 1994: Integrating the Environment into Other Policy Sectors. Volume I - Vergleich, Schlußfolgerungen und Empfehlungen. Forschungsbericht für die Generaldirektion XI der Europäischen Kommission. London, Institute for European Environmental Policy.

Wilkinson, David und Sally Mullard, 1994: Integrating the Environment into Other Policy Sectors. Volume II - Methodik, Materialien und Länderberichte. London, Institute for European Environmental Policy.

World Resources Institute, 1994: World Resources 1994-95. New York, Oxford: Oxford University Press.

B

Länderberichte

8 Niederlande

The Dutch National Environmental Policy Plan

von Graham Bennett

8.1 Introduction

The Netherlands has the dubious honour of being the first and only country where a government has fallen on an environmental issue. That issue was the proposal in 1989 to adopt the first National Environmental Policy Plan (NEPP).

Fortunately the news is not all bad, for although the fall of the government prevented NEPP being adopted at that time, within a year the following government had prepared a strengthened version of the plan. The revised plan met the approval of parliament in 1990 and was succeeded in 1994 by a further revised version. Today, NEPP continues to provide the strategic framework for Dutch environmental policy. Moreover, NEPP's combination of an integrated approach to environmental policy-making, the fixing of long-term environmental goals and the preparation of periodic medium-term implementation plans has come to be widely recognised as an innovative approach to environmental policy-making and has been influential in other European countries and the European Union.

8.2 The Early History

The NEPP had a long and difficult birth. The idea of restructuring environmental policy within a long-term strategic framework was originally debated in the Netherlands in the 1970s, when the first comprehensive legislation to protect the environment was developing rapidly. However, because of the urgency for action, the government preferred to adopt a pragmatic approach and structured pollution control measures around the separate environmental media and pollution vectors, namely air, water, wastes and noise. Within seven years six major items of legislation were adopted, bringing the Netherlands to the forefront of environmental protection policy. This sectoral approach followed the then current practice in most countries, but the idea of a more integrated framework was not dismissed.

Indeed, the Ministry of Environment continued to develop its thinking on alternative approaches.

The results of this work were released in 1981 and coincided with both the preparation of an assessment of the appropriate response by the Dutch government to IUCN's *World Conservation Strategy* (International Union for Conservation of Nature and Natural Resources 1980) and the installation of a new government. Shortly after its formation, the cabinet, then a Christian-Democrat/Liberal coalition, announced its intention of drawing up a proposal to integrate environmental policy.

The government submitted the Environmental Policy Integration Plan to parliament in 1983 (Tweede Kamer 1982-1983). The main aim of the plan, which was prepared by an interdepartmental project group, was to set out how an integrated framework for environmental policy could be structured and administered. One of the many suggestions was a proposal to draw up periodic national and provincial 'environmental policy plans' in order to integrate all government policies that affect environmental protection.

The various proposals in the Environmental Policy Integration Plan received broad political support and were further elaborated the following year in a paper to parliament called *More Than the Sum of the Parts* by the liberal Minister of Environment, Pieter Winsemius (Tweede Kamer 1983-1984). The proposed approach consisted of three distinct types of plan:
- a national environmental policy plan setting out the main policy lines for a period of eight to ten years within the perspective of long-term environmental goals for a period of 20-30 years,
- rolling four-year operational plans laying down the specific implementation measures,
- complementary strategic and operational plans drawn up by provinces, municipalities and regional water authorities.

This was a novel approach to environmental policy, and although the proposed planning system would later be revised to provide for twenty-year strategic environmental goals, successive four-year operational plans and annual rolling implementation programmes, it was this 1984 proposal that essentially established the present system of environmental policy planning in the Netherlands.

8.3 Towards the First Nepp

The first NEPP was originally planned to appear in 1987. However, much work remained to be done: the details of the new organisational and administrative structures had to be refined, the environmental problems confronting the Netherlands had to be reassessed within a cross-media framework and policy measures based on the integrated, problem-oriented approach to environmental management - requiring high levels of interdepartmental cooperation - had to be developed.

Given the magnitude of the challenge, it came as no surprise when deadlines began to slip. By 1986, the target date for NEPP and the first implementation programme was moved to 'early 1988'; in 1987 'early 1988' became '1988'; in 1988, due to the 'seriousness of the environmental problems', completion of the plan was postponed to early 1989. But the real reason for these delays was the political difficulty of devising a plan that was both effective in environmental terms and commanded the support of several other ministerial departments, principally those for transport, agriculture and economic affairs (which is also responsible for energy policy). Moreover, agreement was also being sought from the interested parties - the 'target groups' - that would be affected by the specific implementing measures. In that sense, the NEPP was probably the most ambitious negotiating exercise that had ever been undertaken in the Netherlands.

There were, however, two positive developments that strengthened the position of the Ministry of Environment. First, the preparation of NEPP coincided with a period when the public concern over environmental degradation was rapidly increasing. The economy, following a deep recession in the early 1980s, was growing steadily and several conspicuous environmental problems - toxic waste, smog, the depletion of the ozone layer, the greenhouse effect - were having an impact on the public consciousness. Indeed, as NEPP was taking shape, opinion polls were consistently showing that environmental protection was regarded in the Netherlands as the single most important issue confronting society.

The second positive development was the publication in 1988 of the report *Concern for Tomorrow* (Langeweg 1988). Commissioned in 1987 by the new liberal Minister of Environment, Ed Nijpels, with the purpose of providing a scientific basis for the NEPP measures, the report was drawn up by the National Institute for Public Health and Environmental Protection (RIVM) and reviewed the most serious environmental problems in the Netherlands. To that extent, the study was a kind of state of environment report. But the real significance of *Concern for Tomorrow* was that it went one step further and included an assessment of the measures that would be necessary to reduce environmental damage to a level that would be consistent with the requirements of sustainable development. For example, the report estimated that emissions of sulphur dioxide in northwestern Europe would have to be reduced by 90 per cent from 1980 levels if the buffering capacity of Dutch soils against acid precipitation was not to be exceeded; a reduction in discharges of nitrogen and phosphate of 75 per cent or more would be necessary to prevent the eutrophication of vulnerable areas of surface water; and because technological measures alone would be insufficient to reduce urban air pollution caused by motor vehicles to acceptable levels, restrictions on vehicle use would be unavoidable.

The impact of *Concern for Tomorrow* was profound. The report was not only a product of the most prestigious environmental research institute in the Netherlands, it also appeared at a time when public concern over environmental problems was reaching its peak. This combination of scientific credibility and public concern placed the non-environmental government departments in an awkward position: they had already committed themselves to the principal environmental goals of NEPP but now found themselves with persuasive evidence that far-reaching and expensive measures would be necessary to achieve those goals. The result was a series of interdepartmental conflicts over the specific proposals that the Ministry of Environment was then circulating.

These conflicts focused on how much the measures would cost, who would pay for them and, in particular, what proportion of the costs should be paid by the government, by consumers and by the polluters themselves. And the financial stakes were high, for the plan as it then stood required annual government environmental expenditures to be increased from NFL 2 billion to NFl 6.5 billion in 1994; total costs by government and industry for the period up to 2015 were projected at NFl 400 billion. But the political stakes were also high: elections were due in 1990 and the government was conscious of the necessity to respond to the broad public concern over environmental issues.

8.4 The Fall of the Government

By the spring of 1989, agreement on most of the plan's main proposals had been reached by the departments - although with much reluctance on some issues - and only the financial implications of NEPP remained a matter of serious dispute. The projected annual government expenditures to implement the plan had by now increased further to NFl 7.3 billion in 1994. The liberal Minister of Finance, Onno Ruding, had expressed his concern over these costs on several occasions, but the cabinet as a whole - including Ruding's liberal colleagues responsible for environment and transport - was determined to reach agreement on NEPP and supported the plan as proposed. Then, in April 1989, the parliamentary fraction of the liberal party made known that it shared Ruding's concern on the financial implications of NEPP. However, unlike Ruding, who despite his objections was politically bound as a member of the government to support the plan, the parliamentary fraction announced that it could not accept the plan and demanded that it be amended in order to reduce its costs. This move caused considerable political complications, not only because of the friction that this caused in the Christian Democrat/Liberal coalition but because the parliamentary fraction of the Liberal Party effectively chose to oppose the views of its own ministers in the government. The cabinet nevertheless managed to reach agreement on NEPP, which was finalised on 29 April (Tweede Kamer 1988-1989; see also Annex A).

The liberals' main point of criticism was the proposed increase in the costs of car use. Fuel taxes would be increased by 22 cents a litre for unleaded petrol, 55 cents for leaded petrol and 13 cents for diesel. Further, the income tax allowance for commuters who travelled to work by car would be ended. The liberals were strongly opposed to such a substantial tax increase for motorists, and at the end of an acromonious debate in the lower chamber on 2 May 1989, the government announced that it would not accept a Liberal Party motion to amend these proposals and resigned.

In reality, of course, it was not simply a dispute on the costs of car use that caused the fall of the government. There had been strains in the coalition for some time, with the Liberal Party feeling that the christian democrats had been too dominant on too many issues. The personal relation between the Nijpels and his parliamentary fraction was also poor following his 'promotion' from leader of the fraction to Minister of Environment after the 1986 elections, which had produced a poor result for the party. The result, however, was to create considerable uncertainty as to the future of NEPP - uncertainty which could only be resolved after the forthcoming elections.

8.5 The NEPP Plus

In the elections held in September 1989, the liberals were the main losers and a new coalition government was formed between the Christian Democratic Party and the Labour Party. During the election campaign, the christian democrats remained committed to NEPP in its most recent form, but the Labour Party had proposed strengthening the plan in certain respects. The negotiations which took place following the installation of the new government therefore led to some revisions, and the amended proposal - now known as the 'NEPP Plus' - was published by the new Minister of Environment, Hans Alders of the Labour Party, seven months later in June 1990 (Tweede Kamer 1989-1990; see also Annex B).

When it appeared, NEPP Plus was criticised both for going too far and not going far enough. Industrial and agricultural interests warned of the economic risks of moving too far ahead of the Netherlands' major international competitors with stricter environmental protection measures, particularly the revised proposals for reducing emissions of carbon dioxide and the greater use of economic instruments to influence the behaviour of producers and consumers. (The costs to industry of implementing the NEPP Plus measures in 1994 were estimated at NFl 2.059 billion; for agriculture the estimate was NFl 666 million. Compared with NEPP, the total annual implementation costs had further risen to NFl 8.428 billion in 1994, an increase of more than NFl 1 billion.)

On the other hand, environmental groups argued that the measures set out in the plan fell far short of what would be necessary to achieve the goal of sustainable development within twenty years. For example, although the targets for reducing carbon dioxide emissions (stabilisation at 1989/90 levels by 1994/95 and a reduction of 3-5 per cent by 2000) were stricter than those included in the original NEPP, they were weaker than the target that had been indicated by the new government only a few months previously, when a 10-per-cent reduction by the end of the century was envisaged. However, the parliamentary debate on NEPP Plus did not lead to any complications for the government, and NEPP Plus was formally approved in September 1990.

8.6 NEPP 2

The NEPP process is based on the concept of setting long-term environmental goals which are achieved through the specific measures that are formulated every four years in operational plans and implemented through annual rolling programmes. This process provides for periodic opportunities to evaluate results, to deal with new problems and to adapt policy as appropriate to ensure that progress is maintained. The implementing measures included in NEPP Plus covered the period up to 1994. A second NEPP was therefore required for 1995-1998.

Work to draw up NEPP 2 began shortly after finalisation of NEPP Plus, and an internal paper on its structure and organisation was circulated by the Ministry of Environment in February 1991. This paper noted two major challenges for NEPP 2 which were drawn from RIVM's newly completed *National Environmental Survey 1990-2010* (Rijksinstituut voor Volksgezondheid en Milieuhygiëne 1991). This was the first of the two-year reviews of the results of environmental policy that the Minister of Environment had requested when *Concern for Tomorrow* had been presented in 1988. First, it was acknowledged that the package of measures and instruments in NEPP Plus were not sufficient to ensure that the strategic goal of sustainable development would be achieved. Second, several crucial trends did not correspond to the assumptions made during the preparation of the first NEPP; in particular, car use, waste production and energy consumption were growing faster than had been projected in 1988. These problems inferred the need for a further intensification of control measures in NEPP 2 if the strategic environmental goals were to be met.

The implications of these challenges were so far-reaching that it was decided, in October 1992, that the drafting of NEPP 2 would be based on a full evaluation of environmental policy to date. This evaluation was directed by the NEPP project team and carried out by the Minstry of Environment, the relevant sectoral government departments (agriculture etc.) and the RIVM (for the priority environmental themes). The main conclusions of this evaluation were positive with regard to the framework established by NEPP and the specific objectives (which could therefore be maintained in NEPP 2), but critical with regard to the extent to which the objectives had been achieved.

The primary causes of this implementation gap were identified as inadequate management tools for operationalising environmental policies and insufficient control over the process variables, particularly those affecting the integration of the NEPP objectives into other policy sectors, the realisation of sustainable production and the stimulation of sustainable consumption behaviour. It was noted, for example, that the relation between NEPP and the various plans and programmes drawn up by other authorities (such as the provinces and water authorities) was not clear and that it was necessary to clarify both this relation and the responsibility for drawing up an implementation plan for NEPP actions that need to be carried out by other authorities.

The development of NEPP 2 followed a five-phase process, as follows:
- **orientation**, involving strategic planning, analysis of progress, initiating further research and defining policy options,
- **consultation** on the proposed measures to be included in NEPP 2 between government departments and other competent authorities and the target groups,
- **production** of an internal draft,
- **negotiation** with the partners and the target groups with the aim of achieving consensus on the main measures,
- **decision-making**.

The coordination of this process lay in the hands of the Department of Strategic Planning of the Ministry's Directorate-General for Environmental Protection. A special working group was established by the department to guide the substantive development of NEPP 2 and a series of interdepartmental contact groups were established to guide and facilitate further study on the main issues, such as the international dimension of NEPP 2 and policy implementation.

NEPP 2 was presented in December 1993, six months later than originally planned (Tweede Kamer 1993-1994; see also Annex C). Again, studies by RIVM made an important contribution to the plan, particularly the *Third National Environmental Survey* (Rijksinstituut voor Volksgezondheid en Milieuhygiëne 1993a). These studies indicated that, given optimum implementation, the most important polluting emissions would be reduced by 50-60 per cent by 2010 on a 1985 baseline, although the results were sensitive to the assumptions made on economic growth, energy prices and behavioural response.

The NEPP 2 recorded a number of specific positive developments:
- the continuing reductions, both national and international, of sulphur dioxide emissions,
- a reduction of 35 per cent in acid deposition in the Netherlands between 1985 and 1990,
- a reduction in lead emissions of 85 per cent since 1985,
- a recent reduction in the disposal of waste to landfill,
- a reduction in the use of fully halogenated CFCs,
- a reduction in the quantity of phosphate in manure of 15 per cent between 1986 and 1990.

However, it was also concluded that existing measures designed to ensure that the interim objectives for 2000 would be met were inadequate, particularly with respect to emissions of carbon dioxide, nitrogen oxides, nitrogen, phosphate and certain heavy metals (principally copper, zinc and nickel). The government further acknowledged, in the accompanying policy paper on energy by the Minister of Economic Affairs, that the existing objective of reducing total energy consumption by 20 per cent between 1990 and 2000 had been too optimistic; a reduction of 17 per cent was considered to be feasible. It can also be noted that the objective of NEPP Plus of reducing carbon dioxide emissions in the period 1990-

2000 by 3-5 per cent had been retained, although the specific actions included in NEPP 2 inferred no more than a 3 per cent reduction.

An important difference with NEPP Plus was the increased priority given to the international dimension of environmental protection in NEPP 2. Indeed, an entire chapter was devoted to this issue and three priorities for an international strategy were included:
- the stimulation of further international initiatives relating to sustainable development and the integration of environmental protection objectives into other policy sectors,
- the promotion of international agreements which include environmental objectives, implementation plans and funding mechanisms,
- the further development of EU environmental policy on the basis of the Fifth Environmental Action Programme.

Compared with the NEPP Plus measures, NEPP 2 required only relatively small additional expenditures. Total implementation costs in 1995 would rise by NFl 27 million, in 2000 by NFl 599 million and in 2010 by NFl 2.286 billion.

In an interesting exercise, the RIVM was requested by the government to analyse the environmental effects of the measures included in NEPP 2. The main conclusion of the institute was that, for nearly all the priority themes, 'the foreseen efforts are still inadequate to achieve the established objectives' (Rijksinstituut voor Volksgezondheid en Milieuhygiëne 1993b). This was particularly the case for reductions in the emissions of carbon dioxide, sulphur dioxide and nitrogen oxides. A similar concern that NEPP 2 was too optimistic in its assessment of the effects of the proposed measures was expressed by the Ministry of Environment's principal advisory body, the Council for Environmental Protection. (It is ironic that the Council's chairman - Ed Nijpels - had been the Minister of Environment who launched the first NEPP in 1989.)

8.7 The Lessons of NEPP

For environmental policy analysts, the history of NEPP has provided many valuable lessons. Most importantly, the plan represents in certain important respects a novel and ambitious approach to environmental policy: a broad, integrated framework for national environmental policy based on scientific assessments and clear principles, objectives, targets and deadlines; the concept of an explicit, long-term vision which is realised through a phased programme of periodic operational and implementation plans; the organisation of policies around a series of priority thematic problems and the associated environmental impacts; and the identification of societal target groups as the vehicles for action. Especially striking is the emphasis on creating and managing a broad, long-term process in which a range of government departments, other authorities, industry and societal groups are allocated a functional role in devising specific actions and ensuring their implementation.

The value of this approach has also been recognised outside the Netherlands; the Flemish *MINA Plan 2000*, published in 1989, adopted a very similar framework, as did the EU's Fifth Environmental Action Programme of 1992 which clearly borrowed its strategic approach from NEPP. That this process was not part of the British *This Common Inheritance* and the French *Plan national pour l'environnement* accounts to an important extent for their relatively limited success.

Inevitably, however, such an ambitious venture has met many difficulties. In the first place, the NEPP target of achieving sustainable development in the Netherlands by 2010 will be hard, if not impossible to achieve. Apart from the issue of what exactly sustainable development is (and the concept of sustainable development implied by NEPP is primarily the technocratic vision of reducing environmental impacts rather than promoting societal change), it is clear that the government is falling behind NEPP's schedule for adopting specific measures and fully implementing the measures. For example, the NEPP objectives for 2000 for reducing emissions of carbon dioxide and for energy conservation will not only be impossible to achieve but are likely to be missed by a large margin - between 1990 and 1995, carbon dioxide emissions increased by 7 per cent. Recently (and remarkably), the Director-General of the Ministry of Environment has publicly acknowledged that many of the NEPP objectives will not be reached: 'We are running up against the high ambitions of NEPP. Entire series of objectives have to be met within a single generation, regardless of the economic consequences. That is not realistic.' (Van der Meer 1996).

There are many reasons for these difficulties. NEPP, although very specific in its objectives and control measures, is not in itself sufficiently detailed or operational in character to be directly implementable. This problem has been recognised in the Ministry of Environment's evaluations, but to date the government has not yet succeeded in overcoming the many obstacles that hinder effective implementation of the plan, such as the limited resources of the various environmental policy-making and pollution control authorities and agencies to implement the large number of new measures and the willingness and flexibility of the target groups to respond promptly to new demands. It is also clear that other government departments, which play a crucial role in the NEPP scheme through the necessity to integrate environmental objectives into their own policies, continue to marginalise environmental considerations. Despite the impetus that NEPP has given to environmental policy-making both within and outside the Netherlands, much of its promise has yet to be realised in practice; indeed, on the evidence of the past two years, NEPP has found itself in a mid-life crisis which will only be resolved if a way can be found for the major actors to reconfirm their commitment to the process.

References

International Union for the Conservation of Nature and Natural Resources 1980: *World Conservation Strategy*. Gland: Internation Union for the Conservation of Nature and Natural Resources.
Langeweg, F. ed. 1988: *Zorgen voor morgen*. Bilthoven: Rijksinstituut voor Volksgezondheid en Milieuhygiëne.
Rijksinstituut voor Volksgezondheid en Milieuhygiëne 1991: *Nationale milieuverkenning 2: 1993-2015*. Bilthoven: Rijksinstituut voor Volksgezondheid en Milieuhygiëne.
Rijksinstituut voor Volksgezondheid en Milieuhygiëne 1993a: *Nationale milieuverkenning 3: 1993-2015*. Bilthoven: Rijksinstituut voor Volksgezondheid en Milieuhygiëne.
Rijksinstituut voor Volksgezondheid en Milieuhygiëne 1993b: *Milieurendement van het NMP-2: aanvulling op de nationale milieuverkenning 3*. Bilthoven: Rijksinstituut voor Volksgezondheid en Milieuhygiëne.
Tweede Kamer 1982-1983: *Integratie milieubeleid*. 18 010, No. 1.
Tweede Kamer 1983-1984: *De planning van het milieubeleid*. 18 292, No. 1.
Tweede Kamer 1988-1989: *Nationaal milieubeleidsplan*. 21 137, No. 2.
Tweede Kamer 1989-1990: *Nationaal milieubeleidsplan-plus*. 21 137, No. 21.
Tweede Kamer 1993-1994: *Tweede nationaal milieubeleidsplan*. 23 560, No. 2.
Van der Meer, J. 1996: *Pont: NMP is niet realistisch*. In: Milieudefensie No. 4, 5.
Volkskrant. 22 December 1993. 1.

Annex A

The National Environmental Policy Plan, 1989

The strategic goal of NEPP is to solve the environmental problems of the Netherlands and achieve sustainable development within one generation. However, because it will take many years before the measures will have their full effect, the operational goal is to ensure that environmental problems are manageable within twenty years.

Environmental policy is to be based on eight principles:
– the standstill principle to ensure that environmental quality does not degrade any further,
– pollution abatement at the source,
– the polluter pays principle,
– prevention of unnecessary pollution,
– the best practicable means to abate pollution,
– isolating, controlling and monitoring wastes,
– source-oriented controls based on effect-oriented quality standards,
– internalisation of environmental control into the activities of the target groups.

The application of these principles is to be given form through integrated life-cycle management, energy conservation and improvements in production processes and in the quality of products, raw materials and the environment to ensure that the use of materials is extended.

Specific control measures are to remedy eight main environment problems:
- global climatic change,
- acid deposition,
- nutrient build-up in agricultural soils,
- the disposal of hazardous substances,
- the management of wastes,
- environmental nuisance,
- the lowering of water tables,
- the limited reuse of materials.

These measures are to be directed at nine target groups:
- agriculture,
- transport,
- industry,
- energy,
- construction,
- consumers,
- public utilities and environmental management companies,
- research and education,
- civil organisations.

NEPP set out 50 strategic objectives and 228 specific actions. The most important were:
- the stabilisation of carbon dioxide emissions at 1989/90 levels by 2000,
- the reduction of sulphur dioxide emissions from oil refineries by 62 per cent and from industrial sources by 54 per cent, on a 1985 baseline,
- the reduction in acid deposition to 2400 'acid equivalents' per hectare per year by 2000,
- an end to the production of CFCs by 2000,
- the introduction of an environmental care system,
- the provision of subsidies to promote energy conservation,
- the establishment of systems for collecting, recycling and reusing materials from waste products,
- a 75-per-cent reduction by 2000 in 1986 levels of nitrogen oxide emissions from motor vehicles,
- an increase in all motor vehicle fuel taxes,
- abolishing tax deductions for commuting by car,
- substantial increases in expenditures on public transportation systems,
- a 70-per-cent reduction by 2000 in 1980 levels of ammonia emissions,
- a 50-per-cent reduction in the total use of pesticides by 2000,
- the establishment by 2000 of separate systems for collecting used batteries, toxic wastes from households, cans, textiles and paper,

- composting 50 per cent of household organic wastes.

Annex B

The National Environmental Policy Plan Plus, 1990

The most important supplementary measures included in NEPP Plus were:
- a stabilisation of carbon dioxide emissions at 1989/90 levels by 1994/95 and a reduction of 3-5 per cent by 2000,
- the reductions in acid deposition are to be achieved 'a few years earlier' than 2000,
- further encouragements to recycle and minimise wastes in order to limit the growth of incineration from 3 million tonnes a year in 1990 to 7 million tonnes by 2000 and to reduce the need for landfilling from 17 million tonnes a year in 1990 to 5 million tonnes by 2000,
- manufacturers are to be obliged to provide information on the environmental impacts of their products,
- the introduction in 1991 of an ecolabelling scheme,
- the introduction in 1991 of a warning label for products that should be disposed of as toxic waste,
- total annual energy consumption in the Netherlands to be reduced in 1995 from a projected 2975 petajoules to 2935 petajoules.

Annex C

The National Environmental Policy Plan 2, 1993

The main actions included in NEPP 2 are:
- an increase in tax on petrol of 20 cents in the period 1994-2000 and a further increase of 40-50 cents by 2010,
- a levy on the use of cars travelling in the rush hour in the western conurbation of the Netherlands from 1996/97 and the introduction of a road-pricing system for the entire country 'as soon as possible',
- the introduction of an energy tax for households and small companies, possibly in 1995,
- the introduction of a tourism tax, primarily on pleasure boats,
- a reduction in the use of groundwater for drinking water,
- voluntary agreements between government and industry should apply to entire sectors rather than only to the companies which sign the agreements,

- an increase in the fee for disposing of wastes to landfill to a level equivalent to the costs of incineration,
- all sites contaminated by toxic wastes should be decontaminated or isolated by 2010,
- preparations for the introduction of an agri-ecolabel,
- a reduction of 5 per cent in the quantity of construction wastes by 2000 and an increase in the recycling/reuse rate to 90 per cent.

9 Großbritannien

The Drafting of National Environmental Plans: The UK Experience

von David Wilkinson

9.1 Introduction

The UK has no single National Environmental 'Plan'. Rather, since 1990 several official documents on environmental strategy have been published, the drafting of which amounts to a planning process. Arguably, the establishment of this process has been as important as anything substantive contained within the documents themselves.

The cornerstone of the UK Government's environmental strategy is the White Paper *This Common Inheritance: Britain's Environmental Strategy* (Cm 1200) which was published in September 1990. This sought to set the framework for environmental policy until the year 2000, and represented the UK Government's first statement of its environmental strategy. The White Paper was not definitive, however, for - uniquely for the UK Government - it has been followed-up by five annual progress reports:
- This Common Inheritance: The First Year Report Cm 1655 - September 1991,
- The Second Year Report Cm 2068 - October 1992,
- The Third Year Report Cm 2549 - May 1994,
- UK Annual Report 1995 Cm 2822 - March 1995,
- UK Annual Report 1996 Cm 3188 - March 1996.

These annual reports review the extent to which commitments in the 1990 White Paper have been implemented. This is done in detailed, tabular form. In addition, however, the annual reports have added some new policy commitments, adding to those set in the original 1990 White Paper.

In addition to what has come to be described as the 'White Paper process', the Government published in January 1994 a number of documents in fulfilment of commitments made at the UNCED in 1992. These were:
- Sustainable Development: The UK Strategy Cm 2426,
- Climate Change The UK Programme Cm 2427,
- Biodiversity: The UK Action Plan Cm 2428,
- Sustainable Forestry: The UK Programme Cm 2429.

The Climate Change Programme, the Biodiversity Action Plan and the Sustainable Forestry Programme were prepared as 'parallel' documents to the UK Sustainability Strategy and were published together with it. The strategy discusses and integrates these other plans.

Sustainability: The UK Strategy overlaps with the 1990 White Paper, but is wider in scope and more general. It projects forward the impact on the environment of current policies and trends, and presents a number of policy options, rather than selecting any one of them. However, the document does make a contribution to environmental policy planning, in that it established a number of new institutions for considering the issue of sustainable development. Moreover, for the first time it accepts the principle that demand in the UK for water, energy, minerals and transport must be reduced rather than supplied.

The UK's plans and strategies are the outcome of a 'bottom-up' rather than a 'top-down' approach to policy development. Despite the endorsement of the Prime Minister and principal Government Ministers, the Department of the Environment has no formal authority to dictate the priorities of other departments and has been obliged to rely on argument and persuasion only. As a result, rather than being prescriptive, the approach of the UK plans is predominantly descriptive and where concrete commitments are made, they are normally couched in vague, unspecific terms.

9.2 1990 Environment White Paper: This Common Inheritance

9.2.1 Origins

In September 1988, the then Prime Minister, Margaret Thatcher, made a speech to the Royal Society in London warning of the dangers of global warming. This was the first time she had expressed serious interest in the environment, and she seems to have been influenced by the views of Sir Crispin Tickell, the UK's then Ambassador to the United Nations (and now the Chairman of the UK's Panel on Sustainable Development). Whatever the cause of her conversion, her speech pushed the environment several notches up the political agenda.

In the summer of 1989, Mr Chris Patten was appointed Secretary of State for the Environment. As a former Minister for Overseas Development, he was far more personally committed to environmental protection than his right-wing predecessor, Nicholas Ridley. Following the unprecedented support shown to the UK's very small Green Party in the European elections in June 1989 (15 per cent of the popular vote), he was also concerned for electoral reasons that the Conservative Party should be seen to be acting to protect the environment. He was personally committed to the use of green taxes and subsidies to secure environmental goals (so far untried in the UK), and had appointed as his adviser on environmental economics Professor David Pearce, author of *Blueprint for a Green Economy*.

Patten secured the Prime Minister's agreement to a new Environment White Paper setting out the UK's environmental strategy until the turn of the century, and announced it at the Conservative Party Conference in October 1989.

In May 1990, the Prime Minister announced that Britain was prepared, if other countries took similar action, to reduce its CO2 emissions to 1990 levels by the year 2005 (subsequently brought forward to 2000). This gave the Department of the Environment some leverage over other Government departments in that it could legitimately demand what they were proposing to do to reduce CO2 emissions in their sectors.

At that time, the only existing national environment plan in Europe was that of the Netherlands, and France was only beginning to develop one. There is no evidence to suggest that the Netherlands' Plan was used as a model for the UK White Paper - and, indeed, they are very different.

Thus the impetus behind the production of the UK's environmental strategy was:
- public opinion,
- international pressure to reduce CO_2 emissions,
- a committed Environment Minister,
- Prime Ministerial support (initially, at least).

9.2.2 Drafting the White Paper

A special unit to handle the production of the White Paper was established within the Department of the Environment (DoE). The DoE was determined to retain control of the drafting of the White Paper, but it was not in a position, unilaterally, to modify the policies of other departments. Instead, a 'bottom-up' approach had to be adopted. All Government departments were asked to examine the environmental impacts of their own policies, and to suggest ways in which they could be improved. The quality of these responses was very mixed.

In addition, two Ministerial Committees were established to oversee the drafting of the White Paper - one chaired by the Secretary of State for the Environment, and one - referred to as Misc 141 - by the Prime Minister herself. Misc 141 comprised the following Ministers:
- Prime Minister (Chair),
- Deputy Prime Minister,

- Chairman of the Conservative Party,
- Chancellor of the Exchequer (Finance),
- Foreign Secretary,
- Transport,
- Energy,
- Agriculture,
- Health,
- Education,
- Trade and Industry,
- Overseas Development,
- Scotland,
- Wales.

In inter-departmental discussions, the DoE lost a number of key arguments involving the Treasury (Ministry of Finance), the Secretaries of State for Transport and Energy, and the Minister for Agriculture, Fisheries and Food.

A key dispute involved the Transport Department's projection in its 1989 *Roads to Prosperity* White Paper that road traffic would increase in the UK by up to 142 per cent by 2025. The Secretary of State for Transport was unwilling to accept the prospect of increased taxes on car use in the run up to a general election (due in 1992). His position was strengthened by the Prime Minister, who (inconsistently) made a further speech in March 1990 to the Royal Society of Arts which praised 'the great car economy' and attacked 'airy-fairy greens'.

The Secretary of State for Energy was similarly opposed to a carbon tax (which the Environment Secretary favoured).

An Intra-governmental Group on Environmental Economics (IGEE) was established by the Treasury to consider the use of fiscal instruments. Green taxes were rejected by the Treasury as unpopular, inflationary and damaging to competition, and subsidies were the only economic instrument to be considered (and also rejected).

In parallel to these discussions within government, the DoE unit invited the views of environmental NGOs on the content of the strategy. Papers were submitted by all the major UK environmental NGOs.

9.2.3 Content of The White Paper

Although the drafting of the White Paper was ultimately the responsibility of the Department of the Environment, it was published in September 1990 jointly by the Secretaries of State for
- Environment,
- Ministry of Agriculture, Fisheries and Food,
- Employment,
- Energy,
- Trade and Industry,
- Health,

- Education and Science,
- Transport,
- Scotland,
- Wales,
- Northern Ireland.

It was not explicitly endorsed by the Prime Minister, the Chancellor of the Exchequer, nor the Secretaries of State for Foreign and Commonwealth Affairs, and Defence. It is not clear why this should have been so, for all of these Ministers had been involved in the drafting process. It may have been an oversight, for the 'absent' Ministers were added in the First Year Report and in subsequent reports. The Prime Minister wrote a Forward in the First and Second Year Reports.

The White Paper was a disappointment to the UK's environmental NGOs. It contained some 350 commitments, but these were usually expressed in general terms. There were few quantitative targets, deadlines, firm commitments or new initiatives - apart from institutional ones (see below). Instead the White Paper was littered with promises to 'review', 'consider', 'examine' and 'study further'. Most of the 350 commitments it contained re-iterated existing policy.

9.2.4 New Institutions

To carry the plan forward, a number of new mechanisms were put in place to which were intended to raise awareness and institute a process of cultural change across government departments. These were:
- **'Green Ministers'**. Each department was to nominate a minister to be publicly accountable for the environmental performance of that Ministry.
- **Guidance** was to be issued by DoE on
    - environmental appraisal of policy decisions. (Published in 1991 as *Policy Appraisal and the Environment*).
    - green housekeeping (*Environmental Action Guide* for land and buildings published in 1991). Each department was to have developed its own green 'housekeeping' strategy by the end of 1992) which other departments committed themselves to follow.
    - according to *Questions of Procedure for Ministers*, departmental proposals for Cabinet or Cabinet committees were to cover 'significant costs of benefits to the environment, wherever appropriate' (These papers are unpublished).
- **Discussion groups** were established with business, local government and NGOs to assist with the development of future policy (These were, respectively, the Advisory Committee on Business and the Environment; Central and Local Government Environment Forum; Voluntary Sector Environment Forum. They were to make recommendations to government: they do not contribute directly to detailed policy development).
- **Reporting**. Each department was required to give an account of progress in implementing the strategy in its annual departmental reports (which set out

annual departmental spending plans). An annual report is published reviewing progress on the strategy as a whole.
- **Publicity**. Summary versions of the White Paper were distributed to schools; and a short version of the annual report was available to the public on request;
- **Ministerial Committees**. The two ministerial committees responsible for overseeing the drafting of the White Paper were retained to oversee its implementation. Following the May 1992 General Election, the two committees were replaced by one Ministerial Committee on the Environment (EDE), consisting of Ministers from those departments with the greatest interest in the environment.

9.3 Sustainable Development: The UK Strategy

9.3.1 Introduction

The UK's Sustainability Strategy, published in January 1994, is wider in scope than the White Paper *This Common Inheritance* and its successors. It describes current pressures acting on each resource, projecting how a continuation of present policies would affect resources by the year 2012 (and sometimes later), and outlining policy options for the future. A summary of 'problems and opportunities' is placed at the head of most chapters dealing with particular economic sectors.

However, the document cannot properly be described as a 'strategy' at all. It does not attempt to define what sustainable development might look like in a UK context, nor does it set particular milestones along the way. Most new policy initiatives are institutional only. Specifically, the document established three new fora:
- **The Government's Panel on Sustainable Development**. This is a panel of seven 'wise men', which meets four times annually and publishes recommendations on selected policy issues.
- **UK Round Table on Sustainable Development**. This is a larger consultative body comprising about 35 representatives of industry, local authorities, NGOs etc. chaired by the Secretary of State for the Environment. It has so far met four times. It has interviewed 'Green Ministers', and agreement has been reached to study transport, economic instruments, environmental appraisal, and energy.
- **Citizen's Environment Initiative** (later re-named 'Going for Green'). This is a small fund established to finance local environmental initiatives by voluntary groups.

The principal significance of the UK's Sustainability Strategy is not so much what it contains, as the process the Government was obliged to engage in during the drafting process.

9.3.2 Initiation

At the UNCED conference in June 1992, the UK Prime Minister, John Major, committed the UK to producing a sustainable development strategy by the end of 1993. He had stressed the need for countries to develop such strategies at the 1992 meetings of the G7 and the EU's European Council. The UK's commitment was intended as an example to others, and was considered to be not too onerous in view of the existence of the UK's White Paper *This Common Inheritance*. While the deadline undoubtedly forced the pace in the UK, it placed a limit on how far discussion within government could continue on particularly contentious issues, so that the UK Report became an examination of issues and options rather than a fully developed strategy with targets and timetables.

The Department of the Environment (DoE) was given responsibility for developing the Strategy, and the DoE (not the relevant sectoral department) was responsible for drafting each chapter. The Head of the DoE's Environmental Protection (Central) Division, Mr John Stevens, was given operational responsibility for driving the process forward. He was assisted by four officials.

The process of negotiating and drafting the UK sustainability strategy lasted between autumn 1992 and December 1993. In the autumn of 1992, the unit began to develop initial proposals for the framework for a sustainable development strategy. These were discussed bilaterally between the DoE and other departments, and at a collective inter-departmental meeting. The broad approach was subsequently approved by the Prime Minister and the Cabinet in early 1993. The document was presented to Parliament in January 1994 by all 16 Ministers responsible for presenting the White Paper follow-up reports.

9.3.3 Drafting Phase

9.3.3.1 Public Participation

From the beginning, the DoE sought to consult on the strategy as widely as possible. In the Second Year Report on *This Common Inheritance* (Cm 2068, October 1992), the Secretary of State for the Environment extended an invitation to NGOs and the public to participate in the production of the UK's sustainability strategy. In November 1992, over 100 organisations and individuals were contacted by the DoE and invited to present their views on the nature of sustainable development and on what a national strategy should contain. By the end of February 1993, some 47 replies had been received.

Meanwhile, in the winter of 1992/3, the draft framework for the strategy prepared by DoE was discussed at an informal meeting with NGOs, and discussions were held within the fora established by the 1990 Environment White Paper - in the Advisory Committee on Business and the Environment, the Central Local Government Forum, and the Voluntary Sector Environment Forum. In February 1993, a brief, draft framework was issued for comment to a number of environmental groups, business organisations, local authorities, academics and other Government Departments, together with an invitation to a three-day seminar on 18-20 March 1993 at Green College, Oxford. Around 100 representatives attended the seminar, and some provided background papers.

There was considerable pressure at the seminar for the Government to produce a proper, forward-looking strategy, with quantified targets and timetables, rather than simply a report on what was already being done. Groups represented at the seminar emphasised the need to *manage* rather than merely cater for demand (e.g. for energy, transport). The need to extend the use of economic instruments and public scrutiny was also emphasised.

Following the seminar, the DoE modified its approach and decided to publish in a consultation paper issued in July 1993 (*UK Strategy for Sustainable Development. Consultation Paper.* Department of the Environment 1993) a rather more detailed outline of the UK's proposed strategy. The consultation paper was circulated to over 6000 organisations and individuals, and more than 500 responses were received. The final, published, version of the *Strategy* contains a summary of these responses. It notes that a 'very large proportion' of those commenting on the principles of the strategy 'felt that the Government should establish a rolling process to set, monitor and act on aims and targets. Many felt that the stated objectives in many areas were vague and sometimes complacent'.

A 'Round Table' process was also initiated by the DoE, with nearly 40 meetings in London between July and October 1993 involving Government departments, NGOs and other interested parties. These meetings sometimes reviewed draft text or considered 'issues' papers.

9.3.3.2 Inter-departmental negotiations

In the Spring of 1993, substantive discussions on the strategy began within an inter-departmental committee of senior officials, chaired not by a representative of the Department of the Environment, but of the Cabinet Office. Numerous bilateral meetings were also held between the DoE and other government departments. The Cabinet Committee on the Environment (EDE) discussed and approved the text of the July 1993 consultation document, and later in the year endorsed the final strategy document itself.

As with *This Common Inheritance,* the most difficult inter-departmental conflicts occurred in relation to transport, taxation and agriculture.

Transport

The insistent view of the UK Department of Transport (DoT) in relation to the growth of road traffic had been characteristically set out during the summer of 1993 by a Transport Minister: 'Road traffic is largely linked to economic growth. It would be unrealistic to set a ceiling on this'. This was the view that lay behind the DoT's then 23 billion road construction programme. The DoT itself attempted to write its own draft of the chapter on transport, but this was resisted by the Department of the Environment. The text of the DoE's draft was argued over line-by-line, culminating in direct and heated negotiations between the two Ministers, Gummer and MacGregor. What emerged was a small but significant victory for the DoE. The strategy notes that in the absence of significant changes in attitude towards the ownership and use of cars, the only measures that would reduce the underlying rate of traffic growth would be measures which increased the cost of travel by road. The chapter concludes that 'Government as a whole should act to reduce environmental impacts and influence the rate of traffic growth' - an explicit and at that time unprecedented formal commitment to transport demand management. (This was subsequently indirectly reinforced by the Treasury's insistence on large cuts to the road construction programme in order to reduce overall public expenditure).

Taxation

The second annual report on the Environment White Paper *This Common Inheritance*, published in the autumn of 1992, had reaffirmed the Government's commitment to place greater emphasis on taxes and charges as instruments for environmental policy. The UK's sustainability strategy, however, contained no new initiatives, principally as a result of opposition from the Treasury.

Evidence of the Treasury's attitude to economic instruments was presented to the House of Lords' (temporary) Committee on Sustainable Development, which was established in March 1994 following the publication of the UK's sustainability strategy. Officials from the Treasury were at first reluctant to give any evidence to the Committee at all, on the grounds that issues of sustainable development were the responsibility of the Secretary of State for the Environment alone. However, after pressure from the Environment Secretary, Treasury officials finally agreed to appear before the Committee. They expressed opposition to a carbon/energy tax principally on the grounds of the damage it would do to the UK's international competitiveness, but they also made clear that their reservations would not be entirely removed even if there was international co-ordination. They also rejected the principle of hypothecation (ie earmarking the proceeds of individual taxes for particular purposes). In their report, the House of Lords' Committee were critical of the Treasury's lack of initiative in this area.

Agriculture

In respect to agriculture, the Ministry of Agriculture opposed any detailed discussion of the sustainability problems facing the agricultural economy. Consequently, no summary appeared at the head of the agriculture chapter of the 'problems and opportunities' associated with the industry.

9.4 Links with Local Government

The UK system of government is highly centralised, and the DoE felt little need to negotiate the sustainability strategy with local authority associations. However, local authorities participated in the consultative processes described above.

Central government has not required the development of local plans, although planning policy guidance (PPG) notes from the Department of the Environment to local land-use planning authorities have been revised to emphasise the contribution that land use planning can make towards sustainable development.

Local sustainability strategies have been developed separately and independently of the UK sustainability strategy. Their inspiration has come from Agenda 21 and the EU's Fifth Environmental Action Programme rather than the UK strategy. Local authority associations have voluntarily come together to establish the Local Agenda 21 Steering Group, which represents local government, industry, trades unions, the voluntary sector, womens' organisations, and higher education. The Local Government Management Board (LGMB) co-ordinates the Local Agenda 21 Initiative, under the direction of the Steering Group.

Over 70 per cent of UK local authorities have now begun to develop a Local Agenda 21 strategy for their areas.

9.5 Links with the EU's Fifth Environmental Action Programme

The UK's 1990 White Paper was drawn up some time before the EU's Fifth Environmental Action Programme (5EAP). Following the publication of the 5EAP in 1992, the Government made clear its view that it was a non-binding framework only and the primary responsibility for delivering its commitments rested with the European Commission.

Consequently, the UK's Sustainability Strategy was based more upon the UK's own White Paper than on the 5EAP. Unlike the 5EAP, the UK strategy contains very few targets and timetables and is structured differently. Nevertheless, there was some discussion of the draft framework between the DoE and DGXI during the drafting of the strategy, but there is no evidence that the Commission had any influence on its contents.

By contrast, the 5EAP has been far more influential on UK local authorities (see above).

10 Kanada

Canada's Green Plan

von Robert J. P. Gale

10.1 Abstract

The Green Plan was formally announced by the Canadian government on December 11, 1990. It was intended to be a five-year, $3-billion comprehensive environmental action plan to guide federal environmental policy. A key objective of the Plan's designers was to change the machinery of government concerning environment and sustainability issues. The Green Plan was purported to have been the planning process for ecological resources in the same way that the federal budget is the planning process for economic resources. This objective was not, however, articulated in the resulting plan - a plan that encountered considerable bureaucratic and external resistance in the drafting stage. The actual plan had more to do with spending than institutional change. Coercive instruments that would change behaviour to protect the environment, such as taxes and regulations, instruments that would ensure that Environment Canada maintained a high profile in government circles, were avoided. Spending priorities were geared to 'soft' policy areas such as research and public education. Following a change in government in 1993, the Green Plan lost support at key political and bureaucratic levels. Since then, it has been gradually abandoned. Cabinet has shifted away from a federal vision of environmental and sustainability planning towards departmental-based activities.

10.2 Introduction

The Green Plan was introduced during a period of intense interest in the environment in Canada. This interest was shaped by the growing strength of environmental organisations, the success of the Brundtland Commission's report, *Our*

Common Future, and the emergence of Canadian business interest and funding for environmental initiatives. Not only had public opinion changed over the course of the 1980s, but the concept of sustainable development provided a new discourse in which business, government and non-government organisations could participate with some degree of enthusiasm.

This account of the Green Plan focuses on its public policy origins and drafting. It is not about implementation. The objective is to examine the precursors of the plan as an environmental action plan for Canada (Section 2), trace the source of the plan as an idea (Section 3), describe how this idea was drafted into public policy (Sections 4 and 5), review the current status of the plan (Section 6), and summarise the lessons learned from the design and drafting stage (Section 7).

10.3 The Precursors of the Environmental Action Plan

Environment Canada has had a turbulent history since its creation in 1971. For example, in assessing the organisational design of the department as a policy instrument, Brown (1992: 41) describes the department's experience within the Canadian bureaucracy as a "roller-coaster ride".

> The initial leg was a precipitous decent. Between 1973 and 1986, Environment Canada had to endure virtually all of the factors that can frustrate policy implementation. Ambivalence in public attitudes towards the environment and executive indifference translated into ambiguity in policy directives, limited funding, and a peripheral status in federal decision-making. The concept of design failure seemed increasingly apt.
>
> Since 1986, however, a remarkable turnabout has catapulted Environment Canada upwards in terms of mandate and status within the federal bureaucracy.

This short-lived turnabout can be attributed to public concern for the environment and the discourse on sustainable development promoted by the Brundtland Commission. The turnabout was short-lived because the Green Plan was ultimately judged in partisan terms. The election of a new Liberal government in 1993 led to the devaluation of the portfolio, cuts of 30% to the department's budget, and the abandonment of the Green Plan as a *bona fide* environmental action plan for Canada.

10.3.1 Public Concern for the Environment

Prompted by some high-level accidents, notably the Chernobyl nuclear power plant meltdown, the methyl isocyanate accident in Bhopal, and the *Exxon Valdez* oil spill in Alaska, public concern for the environment increased in the later half of the 1980s. The high level of concern created some dilemmas for the Progressive Conservative government of Prime Minister Brian Mulroney first elected to power in 1984. Given that the party generally considered environmental issues at odds with its commitment to economic growth and free trade, it often found itself out-of-step with this concern. For example, in its negotiations with the United States for a bilateral free-trade agreement, the government did not understand the connections between the environment and the economy inherent in a trade agreement (Gale, 1995a). In the government's view, environmental matters were not relevant to a commercial accord. This stance led to a great deal of activity and protest on the part of the Canadian environmental movement.

Public ambiguity about environmental issues played to the government's advantage. It meant that environmental issues were less pressing than free-trade issues for the majority of the electorate. At election time in 1988, a low approval rating on environmental issues was thus politically acceptable. By playing to public interest in jobs and economic growth, the government was able to split the opposition vote and win the election on its free-trade platform, a platform opposed by both opposition parties. Following the election, the Canada-U.S. Free Trade Agreement came into effect January 1, 1989.

The political jousting between the government and environmentalists on free trade and other issues created a great deal of distrust on both sides. While the government's re-election established its power in economic matters, the growing public interest in the environment, pollution and resource depletion presented a challenge. Bakvis and Nevitt (1992: 145-146) provide some details about this challenge in terms of the greening of the Canadian electorate:

> The 'green' issue has until recently been of relatively low interest to the general public. Gallup Canada, for example, has been asking the open-ended question, 'What is the most important problem facing this country today?' since February of 1983. As a volunteered response the environment became significant as a distinct category only in February 1987. Since then, however, it has rapidly become more consequential. When asked in February of 1990 how concerned they were about the environment as an issue, 78% of Canadians indicated they were 'very concerned', a change up from 67% when the same closed-ended question was asked in July of 1989. Only 'taxation levels', 'illegal drug use', and 'honesty in government' elicited comparable levels of concern.

Bakvis and Nevitte report that responses to open-ended questions are rather different. The question: 'What do you think is the most important problem facing this country today?' elicited environmental concerns for the first time in February 1987.

> ... then 3% of respondents deemed it as the most important problem; by July 1989, 17% deemed it so, though by March 1990 it had declined to 14%.

They also report on data from national election surveys from 1974.

> 'What is the most important issue to you personally in this election?' In 1979, only 0.2% of the electorate sampled raised the environment as the single most important issue; by 1988 a full 6% did so.
>
> The open-ended data reveal rapid growth in support for the environment over a relatively short period of time. By the same token, these data also suggest that the issue does not dominate the public agenda. In the case of both the Gallup polls and the national election surveys, the environmental issue is easily outranked by concern with the 'economy/inflation and unemployment'; and in 1988 the election agenda was dominated by free trade. Clearly, individuals weigh the importance of the environment in conjunction with other concerns.

The increasing importance of environmental issues and the growing recognition that the government had to respond to this concern meant that a major environmental initiative was feasible at the beginning of 1989. Just what this initiative would be was not clear to either the bureaucracy or the new Minister, the Hon. Lucien Bouchard, at the start of his term. Nevertheless, the climate for new ideas was favourable. The public was ahead of the politicians: something needed to be done.

10.3.2 The Brundtland Commission

The World Commission on Environment and Development chaired by Gro Harlem Brundtland released its report *Our Common Future* on April 27, 1987. This report was well received in Canada, critics notwithstanding. The Brundtland Commission paved the way for the Green Plan because the Commission's work already had a sizeable following in Canadian policy circles. Public hearings had been held by the Commission in Ottawa May 26 to 28, 1986, which attracted the interest of many environment and development non-government organisations as well as a number of Cabinet Ministers.

Canadians played a prominent role in the Brundtland Commission. First, two Canadians were directly involved in the Commission's work. Maurice Strong, a member of the Commission, had previously held positions as Under-Secretary General and Special Advisor to the Secretary-General of the United Nations, Executive Director, United Nations Environment Programme (1976-78), and Secretary General, United Nations Conference on the Human Environment (1970-72). Jim MacNeill, the Commission's Secretary General, was formerly Director of Environment, OECD (1978-84) and Canadian Commissioner General, UN Conference on Human Settlements (1975-76). Their active involvement and liaison with Canadian officials helped to ensure interest in the Commission's deliberations at the highest policy level.

Second, the Minister of the Environment, the Hon. Charles Caccia, was instrumental in promoting the work of the Commission within the Liberal Cabinet of the day. He was already trying to influence issues in Canadian economic development from a sustainability perspective. In 1984, for example, he submitted briefs on sustainable development to a major commission on Canadian economic development prospects (Environment Canada, 1984a) and to the Brundtland Commission when it met in Ottawa (Environment Canada, 1984b).

Given these influences, there are at least three reasons the Brundtland Commission helped to pave the way for the Green Plan.

First, the Commission promoted the concept of sustainable development. This concept provided the necessary discourse to avoid the potential conflict between the public's demand for environmental protection and the federal government's pro-growth neo-conservative goals (Hoberg and Harrison, 1994). Although the Commission called for a profound re-ordering of government priorities and the integration of economic, social and environmental considerations in decision-making, it also largely dismissed the limits-to-growth thesis characteristic of the environmental debate fifteen years earlier, a debate still supported by many environmentalists. The Brundtland Commission's statement that the world economy could be expected to increase by up to ten times its current size by 2050 provided a great deal of comfort to neo-conservatives. If the world economy - then valued at $13 trillion - could grow to $130 trillion by 2050, then government and business leaders could talk about sustainable development as sustainable growth. Not only were economic growth and environmental protection compatible, but also industry could adapt to any necessary changes by voluntary measures.

A second reason to account for the Commission's influence is that it prompted the federal government to respond. Given some anxiety about the Commission's recommendations, the government created a multi-stakeholder task force to report on the Commission's findings and their relevance to Canada. The National Task Force on Environment and Economy prepared a rather innocuous report, which dropped the equity considerations so prominent in *Our Common Future* (Gale, 1988). The sustainability challenge was redefined in economic and environmental terms. The Task Force report avoided contentious issues such as the then-current debate on the environmental impacts of free trade. Instead, it focused on win-win situations and the need for voluntary actions rather than coercive measures. Its positive business-government message was well received and led to the emergence of round tables as an instrument of consensus decision making.

Third, the Brundtland Commission led to institutional reforms within Canada. Both the Ottawa-based National Round Table on the Environment and the Economy and the Winnipeg-based International Institute for Sustainable Development have their origins in the sustainable development debate initiated by the Brundtland Commission. Both have mandates concerned with the integration of economic and environmental considerations in decision-making. Both would benefit from a federal environmental action plan that set out the government's policy goals. The NRTEE, for example, which was already established when the Green Plan idea emerged, would have its own ideas about how the government should develop the plan.

10.4 The Green Plan Idea

While it is often difficult to trace the origin of ideas in public policy, the Green Plan appears to be the product of three converging agendas. First, the environmental community provided the government with both a message and an agenda. Second, following the 1988 election, the new Minister of the Environment, the Hon. Lucien Bouchard - a novice in Cabinet - was seeking a mission of his own. Third, Environment Canada, armed with the mission of sustainable development, finally had a way of leveraging influence in the bureaucracy. The department was eager to enhance its role in decisions about the environment and economy with initiatives of its own. Each of these considerations is considered in turn.

10.4.1 ENGO Influence

There was a large increase in the membership of environmental organisations in the late 1980s. Friends of the Earth is a case in point. Once a small and struggling organisation with serious cash-flow problems, this organisation had revenues in excess of $1 million by the end of the decade. Other organisations such as Pollution Probe, Greenpeace and the Canadian Wildlife Federation also prospered. Many now worked together to lobby government for action on environmental and resource management issues. In 1988, some groups joined forces under the aegis of the Greenprint for Canada Committee to prepare their own environmental action plan for Canada - the *Greenprint for Canada*. This document, or at the very least the Committee's idea, was to have some considerable influence on the Minister of the Environment, Lucien Bouchard.

The origin of the *Greenprint* document is explained by Stephen Hazell who was then working for the Canadian Wildlife Federation (Hazell, 1996).

> The Greenprint for Canada Committee was established in late 1988 following the November federal election. Ken Brynaert, my boss at the Canadian Wildlife Federation had been to Washington in early November just after the American Presidential election and had attended a presentation of the so-called "Blueprint for the Environment" by a number of U.S. national environmental groups to President-elect George Bush. Given that in Canada the re-elected Progressive Conservatives had demonstrated a willingness to address environmental issues in their second term in office, Brynaert considered that there was merit in trying something similar in Canada. I was asked to take on the job of mobilising the support of environmental, conservation and aboriginal organisations for a focused action plan to guide the federal government during its four- to five-year term of office.
> Within six months, a document entitled "Greenprint for Canada" had been developed and approved by over 30 major groups throughout Canada. These included organisations as diverse as World Wildlife Fund, Friends of the Earth, Societé pour vaincre la pollution, Canadian Arctic Resources Committee and the Assembly of First Nations. On June 18, 1989, we presented the document to Environment Minister Lucien Bouchard and Prime Minister Brian Mulroney.
> Bouchard was excited by our idea of an overall federal environmental strategy, and was able to convince the Prime Minister that this should be a government priority. The plans for the Green Plan which had already been initiated within Environment Canada were thus given a dramatic political impetus.

The success of this particular initiative should not be underestimated. It is part of a wider trend. Wilson (1992: 123), for example, has studied the influence of green lobbies in decision-making.

> During the past 20 years, Canada's environmental groups have elbowed their way into the policy communities that shape government decisions on the environment. In the process, they have transformed decision-making systems. They have expanded the number of policy communities by putting a host of new issues on the agenda, altered the make-up of existing communities by demanding a voice, and added to the number of government officials involved in the process by pressing for the establishment of new environmental departments and regulatory authorities.

The Greenprint for Canada Committee may have helped persuade the government to create an environmental action plan. At the time of the Greenprint Committee meeting with the Prime Minister and Mr. Bouchard, Mr. Mulroney had little positive to say about the proposal. This view appears to have changed quickly once Mr. Bouchard argued privately in its favour as something he personally wanted to do.

It is less clear how influential the *Greenprint* document was at the drafting stage. As a measure of its success, the government included a comparison of the *Green Plan* and the *Greenprint* in its presskit about the Plan. Since this comparison covers only 15 of the 43 *Greenprint* recommendations and has the appearance of being rather hastily prepared, the comparison may have had more to do with a last-minute public relations exercise than a serious response to *Greenprint* proposals.

ENGO influence appears to have peaked in the late 1980s. Although flush with funds at the time, inadequate provisions were made for the future. The failure of environmental groups to set aside contingency funds has led to their virtual collapse in Canada. Rapidly declining revenues from private subscriptions and government grants has led to the marginalization of the very policy community the Green Plan was attempting to serve - albeit poorly in the estimation of many such groups.

10.4.2 Political Influence

At the political level, the idea for the Green Plan is attributed to Mr. Bouchard. At the time of his appointment, the Environment Ministry was a low-profile portfolio. This was to change quickly. The Prime Minister wanted his personal friend to have a high-profile position in Cabinet. Yet, Mr. Bouchard was a relative newcomer to government. He did not have the track record to assume a senior Cabinet post. Some changes were thus required to elevate Mr. Bouchard's status in Cabinet. To this end, the Minister was added to two committees of the powerful inner circle of Cabinet members - the Priorities and Planning Committee and the Operations Committee. He also was placed in charge of a new coordinating committee, the Cabinet Committee on Environment. This was the first time in its sixteen year history that Environment Canada had both a champion in its Minister and a Minister with the full support of the Prime Minister at the key decision-centre of government - Cabinet. The implications for the Ministry's organisational design were positive (Brown, 1992: 40).

> A dawning public and prime-ministerial conviction that environment protection enhances rather than thwarts the prospects for sustainable growth has not only reaffirmed the original design, but ushered in an intense period of re-design resulting in a greatly enhanced role for Environment Canada within the federal bureaucracy.

The fact that the Environment Minister had the Prime Minister's unequivocal support was probably crucial to the eventual launch of the Green Plan. The most likely explanation for the origins of the Plan arises with Mr. Bouchard's interest in establishing himself as a force within Cabinet. To this end, he needed a portfolio larger than that traditionally held by an Environment Minister. It appears that the idea of a national environmental strategy, presented to him by the Greenprint for Canada Committee, caught his attention. By that time he would have been well aware of the Brundtland Commission's report and the proposals of officials in his Ministry. It is reported that "Bouchard was inspired by the Brundtland Commission's call for integration of economic and environmental considerations, and called for preparation of what he referred to as an environmental 'master plan'" (Hoberg and Harrison, 1994). Given the convergence of agendas, the timing of the *Greenprint* document could not have been better.

10.4.3 Environment Canada's Influence

Although largely staffed by experts in the life, chemical, and engineering sciences, key personnel in the department have supported broad scale environmental planning initiatives for many years. This is evident in the preparation of, or response to, many domestic and international documents. At the international level, the department often has benefited from U.S. legislation: it has not only had to keep up with American regulatory trends, but in some instances has had to justify reasons for either not doing so or for adopting a different approach. It also has benefited from international initiatives. The 1980 IUCN World Conservation Strategy provided sections of the department with compelling arguments for conservation and protection. The department later produced its own report on the conservation challenge for Canada (Pollard and McKechnie, 1986).

At the domestic level, some key personnel in the department embraced the 1977 Science Council of Canada's report, *Canada as a Conserver Society: Resource Uncertainties and the Need for New Technologies*, as well as the work of George Francis (1976) on ecodevelopment for the Canadian International Development Agency (CIDA). This work long predates the Brundtland Commission. It provided important precursory information by developing the constituency for environment and economy integration so prominently emphasised in *Our Common Future*. But it is difficult to isolate any information, events, actors, or institutions as harbingers of the Green Plan. Environment Canada (1990a), for example, published a nine-page record of achievement on environmental issues with the Green Plan documentation. The achievements are broken down into 10 categories: International (18); Federal-Provincial (9); Legislation (10); Water Quality Initiatives (8); Climate Change (9); Acid Rain Abatement (4); Technology Development and Pollution Abatement (7); National Parks and Historic Sites (7); Wildlife (5); and Sustainable Development (15). The extent to which one or more of these achievements helped pave the way for the Green Plan has not been evaluated.

Policy analysts and consultants often argue that Environment Canada lacks the policy skills of other departments - witness the fact that the Green Plan was written largely by outsiders brought into the department to do the policy work. This observation disguises another important fact. Policy-makers throughout government have been unable to integrate economic and environmental decisions in policy- making. While it is true that Environment Canada lacks policy development skills, the more pressing short-coming resides within the overall machinery of government: it is dysfunctional in its treatment of environment-economy issues. It is unreasonable to fault Environment Canada for lacking the integrative policy skills that the Government of Canada (i.e., Cabinet) does not wish any level of the bureaucracy to have or develop.

The three converging agendas of interest of the ENGOs, politicians and bureaucracy, were mediated by other pressures and interests little of which has been documented. One thread of influence which has been ignored to date is the role of The National Round Table on the Environment and the Economy - an organisation then casting around for ideas about its own mission. In 1989, when it was clear that the government was interested in developing an action plan, NRTEE started to lobby for a lead role in implementing a federal strategy on the environment and more broadly, on sustainable development. It is clear now that this was perhaps too late in the day for NRTEE to substantially influence either Environment Canada or the Minister of Environment. Although aspects of the chronology are missing, NRTEE's interest in an environmental action plan can be traced to an informal request by the Minister of Environment in June of 1989 for NRTEE's advice and support on an Environmental Agenda for Canada. Prior to this request, the NRTEE did not have a position on the *Greenprint for Canada* proposal, nor had the ENGOs sought NRTEE endorsement. An environmental action plan for Canada had thus not figured in the NRTEE's inaugural meeting in June 1989, which the Prime Minister opened.

Because the *Greenprint* proposal had gone to the Minister in June of 1989, and he was already convinced of the idea's merit, NRTEE's involvement in the subsequent action plan was to be marginal at best. This was probably inevitable given the construction of institutional roles and linkages. The Minister was in charge of his department, not the NRTEE: it reported directly to the Prime Minister. A more substantial role for the Round Table would inevitably diminish Environment Canada's control of the agenda. Environment Canada likely viewed this as a threat to its own autonomy. While this is understandable in the context of moving an initiative forward quickly, it was a tactical error in the longer term. The NRTEE's major concern was that the proposed federal strategy on the environment be broadened to a federal strategy for sustainable development. It proposed a scenario to the Prime Minister in which a Federal Strategy on the Environment would be announced in February 1990 as the first step in a wider strategy on sustainable development. The government would then ask the NRTEE to develop a more comprehensive program leading to a Federal Strategy for Sustainable Development. The Prime Minister responded that the environmental agenda would be a sustainable development plan and advised that the NRTEE proposal did not fit its mandate at that time.

Excluding the NRTEE from ownership of the Green Plan led to the loss of another champion for sustainable development within the federal bureaucracy. This has not only led to the loss of the Green Plan as a national environmental and sustainability planning tool, but also to the demise and increasing irrelevancy of the NRTEE as an independent and authoritative voice on sustainability in Canada.

10.5 Planning the Content: Goals and Initiatives

Mr. Bouchard based his vision of an environmental action plan for Canada on the concept of sustainable development. In a 1989 speech, he stated that:

> The environmental program for Canada will serve as a framework for strategic initiatives which will change our way of making decisions:
> to improve our decisions by basing them on better scientific knowledge, better training, more certain data and better communications, and by using the latest technology for protecting the environment and producing reports on the state of our environment;
> to change the decision-making process within the government of Canada, by requiring all departments to take environmental considerations into account when developing policies and programs;
> to emphasise the importance of co-operation and sharing of responsibilities by establishing new partnerships, and by renewing those that already exist, between all elements of society: governments, companies, unions, non-governmental agencies, and citizens.

By the time the Green Plan was announced, however, Mr. Bouchard had left Cabinet in a dispute over the role of Quebec in confederation. His successor, the Hon. Robert de Côtret, was a Cabinet Minister with firsthand knowledge and experience of the Treasury Board, the department which allocates resources among competing ministries. It fell to Mr. de Côtret to secure the $3 billion for the five-year plan. In a press release announcing the plan, Mr. de Côtret stated:

> This is a fully funded plan that commits the Government of Canada to $3 billion over five years in new funding for the environment. Moreover, *Canada's Green Plan* represents a government-wide commitment directly involving more than 40 federal departments and agencies.
> *Canada's Green Plan* is second to none in its comprehensive approach to a full range of environmental challenges, funding, accountability and provision for public involvement.

The plan set out a number of goals and key initiatives. Mr. de Côtret argued that it contained "clear targets and schedules that provide a yardstick for judging the success of the Plan." The key program areas and goals as well as an analysis of the choice of instruments in the plan follows.

10.5.1 Summary of Goals and Key Initiatives

More than 100 initiatives were contained in *Canada's Green Plan* for a healthy environment. Eight broad categories were identified, each with different programs, goals, and initiatives. Funding for each category was earmarked as follows:

1) CLEAN AIR, WATER AND LAND ($850 million)
2) SUSTAINING OUR RENEWABLE RESOURCES ($350 million)
3) SPECIAL SPACES AND SPECIES ($175 million)
4) THE ARCTIC ($100 million)
5) GLOBAL ENVIRONMENTAL SECURITY ($575 million)

6) DECISION MAKING ($500 million)
7) STARTING IN OUR OWN HOUSE ($275 million)
8) EMERGENCY PREPAREDNESS ($175 million)

Further information is provided in Annex 1. The department's 174-page publication *Canada's Green Plan,* which was distributed free of charge, described each initiative in greater detail. The department also published a *"Summary of Targets and Initiatives"* reproduced in Annex 2. Some of the major undertakings included:
- Virtual elimination of the discharge of persistent toxic substances into the environment,
- Canada-wide reduction of the concentration of ground-level ozone (smog) to below the threshold of health effects in the most susceptible segments of the population,
- A 50-per-cent reduction in Canada's generation of waste by 2000,
- The shifting of forest management from sustained yield to sustainable development,
- The setting aside of 12 percent of the country as protected space,
- Completion of the national parks system by 2000,
- Stabilisation of carbon dioxide and other greenhouse gas emissions at 1990 levels by 2000,
- Phasing-out CFCs by 1997, and methyl chloroform and other major ozone-depleting substances by 2000,
- A 50-per-cent reduction of sulphur dioxide emissions in eastern Canada by 1994. Capping of acid-rain-related emissions in eastern Canada beyond 1994. Extension of the acid rain control program to emissions in western Canada.

10.5.2 The Choice of Policy Instrument

The substance of the Green Plan has been criticised by environmentalists and others as vague or insubstantial. Although publicity for the plan emphasised 120 different initiatives for which actions would be taken, uncertainty about the type of actions proposed created confusion about the policy instruments that would be applied. In exploring the policy instruments in the Green Plan, Hoberg and Harrison (1994) identified six categories "which vary significantly according to the level of coercion involved and also how directly they seek to improve environmental quality." Their six categories are regulation, direct spending, information regulation, information dissemination, information development, and agreements. Using this framework to identify policy instruments, Hoberg and Harrison counted 239 distinct initiatives. On the basis of their analysis, they conclude that:

> The most striking result is the disproportionate reliance on expenditure programs that seek to influence behaviour only indirectly, if at all, and the relatively small number of initiatives that directly affect environmental quality. Regulatory and direct expenditure initiatives together account for only 20 per cent of the original Green Plan, and 16 per cent of the initiatives announced thus far. It bears stressing that despite the heavy emphasis on

expenditures. Green Plan spending is not oriented towards direct cleanup. . . . By far the most frequently used instrument is 'information development,' which accounts for over half of all initiatives in both the original plan and the initiatives already announced.

Given the focus on information development, it is not surprising that environmentalists were disappointed with the plan. In essence, they argued that it lacked the effective type of measures one might see in a budget, such as new taxes or tougher regulations. For many it represented nothing more than a green veneer over the *status quo*. This suggests that Environment Canada either overestimated its abilities to satisfy some key demands of the ENGO community or was willing to forgo their demands to appease business or other interests. Either way, support from the only constituency that had a long term stake in the *Green Plan's* future was undermined. When the plan died with the new Liberal Government, there were no environmental groups ready to champion its virtues.

It is, of course, possible to argue that environmentalists' demands were unreasonable, that is, "radical", and would have had major impacts on the economy. Doern and Conway (1994: 120), for example, embrace industries' view when they state that "environmentalists had argued for a radical policy employing green taxes, a 'big stick' approach to regulation and emission control standards which would have moved Canada out in front of other OECD countries." There is little evidence to support this view. Given the initiatives on environmental taxation and regulation underway at the time, more innovative and front-runner policies were already being implemented in Europe (Gale 1995b).

10.6 Drafting The Agenda: Actors Are Territorial

In the Canadian federation, actions on the environment at the federal level are constrained by the constitution. Although federal powers are extensive, the practice has been to allow the ten provinces to assume control over most environmental issues, excluding those having a bilateral or international dimension. This means that each province has its own environmental assessment process in addition to the federal process (now legislated under the Canadian Environmental Assessment Act). What this means in practice is that some project proponents have faced both provincial and federal environmental assessments. Although federal powers are used reluctantly, there is a tendency among the provinces to construe any federal intervention as unwarranted interference in domestic affairs. Many environmentalists, however, see the federal role as essential. They want to prevent short-term development opportunities that have unacceptably high environmental costs.

With regard to the Green Plan, the territorial aspect of environmental planning and decision making can largely be traced through the perspectives of competing political and bureaucratic actors, the steps taken in public consultations, and the methods used to resolve conflict during the drafting stage.

10.6.1 Political Actors

When it announced the Green Plan on 11 December 1990, the Progressive Conservative government was in its second term of office. Some six months earlier the American and Mexican presidents had agreed to pursue talks on a bilateral trade agreement beginning in 1991. This agreement's potential implications for Canada was a source of concern for the Canadian government. This was resolved in part when Canada was invited to join the negotiations in February 1991 - negotiations for a North American Free Trade Agreement (NAFTA).

Given the government's experience with the Canada-U.S. FTA, it was clear that NAFTA also would be an issue at the next election. In the 1988 election, the FTA was vigorously criticised by the two major opposition parties, the Liberal Party and the New Democratic Party. It was also opposed by many nationalists, labour unions, and social and environmental non-government organisations. As noted previously, the Conservatives campaigned on the issue of free trade and won the election. In preparing for the next free trade fight, the opportunity to increase the government's popularity or at least neutralise opposition through a major environmental initiative may have appealed to some members of Cabinet. An environmental action plan, based on the concept of sustainable development, was not considered to have any far-reaching implications for free-trade negotiations. More modest objectives were anticipated as detailed by Mr. Bouchard in a speech given 5 October 1989. The government clearly believed that free trade and sustainable development could proceed as two separate, unrelated initiatives. This miscalculation was later to cause serious difficulties in the trade negotiations (Gale, 1995a).

10.6.2 Bureaucratic Actors

The growth of public interest in the environment in the late 1980s provided Environment Canada with an opportunity to secure more resources and influence. Although public sector interest in the drafting of the Green Plan was negligible at the outset, this changed when it became clear that the plan represented an opportunity for other ministries to participate in a new area of government spending.

At the bureaucratic level, the drafting of the Green Plan was initiated by a new Deputy Minister of Environment Canada, Dr. Len Good, in the summer of 1989. The Policy Directorate within the department's Corporate Planning Group was responsible for drafting the document. The drafting process was a relatively small effort, tightly managed by the Policy Directorate. It involved about six people at the beginning - with others in supporting roles - all under the direction of the Deputy Minister. The Deputy's objective was to determine the Green Plan's policy 'architecture'. He sought a structure for the plan around which he could build a story.

Of the original team of six people, three were central to the drafting of the Plan: the Deputy Minister, the Assistant Deputy Minister in charge of Policy, and the Director General, Policy, who undertook the drafting. The Deputy Minister came to the department with exemplary knowledge of and experience with machinery of government issues. Dr. Good had not only had an intimate understanding of policy management in government but also the capacity to extract $3-billion in program expenditure commitments from the system, the type of experience lacking at Environment Canada. Dr. Good also had direct experience in another national planning exercise, the National Energy Program of 1980. That program was introduced as a Canadian solution to the rapid increase in world oil prices. Oil companies and some provincial governments, however, judged it to be unacceptable interference.

Knowledge of environmental issues and departmental matters was provided by the Assistant Deputy Minister, Dr. Robert Slater. Having joined the department five months after it was created, Dr. Slater had 17 years of experience in environment and sustainability with the department. Brian Emmett, Director General, Policy, the third member of the team, had the task of creating the architecture and story line for the Green Plan. Both were facilitated by a series of show-and-tell "slide decks."

The framework that emerged for the plan consisted of two interacting components: decision-making and action on the issues. Changes in the way the government made decisions were articulated in the public consultation document *A Framework for Discussion on the Environment* (Environment Canada, 1990b: 7).

> There are three basic steps to correcting existing failures in decision making. First, we must *improve the factors* that affect decision making. Second, we must change decision making *processes and institutions*. Third, we need to strengthen and build *partnerships*.

Each step is discussed in greater detail in the *Framework* paper. The factors that affect decision-making are identified as better science, more information about the environment, education, legislation and economic instruments. Each is discussed in turn. Changing decision-making processes requires integrating environmental and economic considerations in policy-making and adopting a code of environmental stewardship. Finally, strengthening partnerships refers to strengthening support of international efforts to address environmental problems and strengthening relationships with the provinces, environmental groups and aboriginal people.

10.6.3 The Consultative Process

The Minister first presented the Green Plan to the Priorities and Planning Committee of Cabinet in January 1990. This Plan met with stiff resistance from the Ministers of Finance, Industry, International Trade, and Treasury Board. Underlying this resistance was the fear of bureaucrats in these departments that Environment Canada was engaged in a "power grab" (Howard, 1989). Finance and Treasury Board, with central agency status, were not committed to the social construction of environmental issues as a problem of development; nor did they wish to see their role as guardian of public finances usurped by Environment Canada.

Cabinet thus required public consultations on the plan and its re-submission at a later date. These consultations were steered by a new Minister, Robert de Côtret, following Mr. Bouchard's resignation over constitutional proposals affecting Quebec's status in confederation.

The consultation process was hastily organised and implemented. It involved "41 information sessions attended by 6,000 people, two day consultations in 17 cities attended by 3,500 people, and a wrap-up session in Ottawa attended by approximately 400 'stakeholders,' all at a cost of roughly $7 million" (Hoberg and Harrison, 1994: 126). The document itself met with a great deal of criticism from academics, environmentalists, and industry. By the time the consultations concluded in August of 1990, both the plan and process had been soundly condemned by many.

> Despite the scope and expense, the consultations were a political disaster for DOE [Department of Environment]. Although industry groups had a problem with the consultations, environmental groups were even more upset. They complained that the vagueness of the discussion document and the cast number of participants prevented any meaningful analysis of the options or discussion of priorities. DOE could not shake environmentalist's perceptions that the key decisions were already made and the consultations mere window dressing and a delaying tactic (Hoberg and Harrison, 1994: 126).

Even though the consultation process was rushed, it was clear that the government was committed to a new spending initiative. This made it more attractive for other, formerly hostile departments, to become involved. The Cabinet's agreement to the five-year $3-billion plan may well be attributed to the fact that more than half of the budget was allocated to other departments.

Environmental groups generally were disappointed with the Green Plan. Not only had they expressed concerns about the consultation process, but they found the Plan lacking in substance. Industry's reaction to the plan was more favourable. This is largely because it did not contain the regulatory or economic instruments that they feared. There was little need to be critical. Industry's influence and active lobbying, originally evident in the 1987 Task Force report on the Brundtland Commission, ensured that the plan would be innocuous. It is important to note that industry sought less regulation and the adoption of the voluntary approach rather than new market-based instruments. They were, for example, vehemently opposed to carbon or energy taxes. This view is at odds with the observation that Doern and Conway (1994: 121) make:

> For business, however, the most serious problem with the Green Plan is that is fails to demonstrate a serious commitment to the use of market-based policy instruments as a complement to traditional regulation.

This is entirely a rhetorical argument for business. At the time of the Green Plan's development, few if any were seeking market-based instruments. If anything, they argued against them as having serious impacts on competitiveness, a position which has strengthened with time.

The Green Plan contained no threats to the autonomy of provincial governments. It followed the path of least resistance by developing non-coercive policy instruments. In Canada, the constitutional division of powers between federal and provincial governments places institutional constraints on policy makers. Provincial governments seek to prevent intrusion into matters they consider within their jurisdiction. As owners of natural resources and promoters of private economic development, the provinces feared the imposition of new environmental regulations or taxes. There was already federal-provincial tension over the application of federal environmental assessment powers. Environmental groups had used federal regulations to question the impact of two specific development projects, one in Alberta, the other in Saskatchewan. The governments of these provinces resented the role the Federal Environmental Assessment Review Office played in evaluating the impacts of the two projects.

There also was apprehension about the imposition of a carbon tax, particularly in Alberta, a fossil-fuel based economy. As a consequence, the Green Plan contained no new economic instruments: instead, it declared that it would conduct a study. When the plan was finally released, provincial governments reacted with general approval. It was not viewed as an intervention in provincial affairs; rather, the evidence pointed to an increase in regional spending on environmental research and the dissemination of information, steps that would produce local benefits.

10.6.4 Points of Conflict During the Drafting Stage

The attempt to formulate a comprehensive environmental plan led to conflicts over money and autonomy within the federal government. Environment Canada was traditionally seen as a "spending" and regulatory department in government circles. It was a *line* department with little real influence compared to key decision centres such as the Treasury Board and the Department of Finance. These latter agencies, the "guardians" of the public purse, oversaw all federal spending and revenue generation. In a period of fiscal restraint, money allocated to environment had to come from other line departments. This led to conflict with other departments seeking to protect or expand their own programs and services. Moreover, the elevation of environmental considerations to the same status as economic considerations - a key recommendation of the Brundtland Commission - would give the Minister of the Environment more influence and power in Cabinet decisions than ever before. Many departments would not be able to pursue their traditional mandates without Environment Canada's involvement. Many interpreted this shift in policy emphasis as interference in another department's affairs that would jeopardise their own autonomy. For the Green Plan to succeed, "it would have to either avoid or surmount the obstacles of opposition from within the federal government" (Hoberg and Harrison, 1994: 123).

At the provincial level, the strongest opposition to the drafting of a Green Plan came from the Government of Alberta. This government feared the type of federal involvement in provincial affairs it experienced during the world oil crisis of 1980. At that time, the Liberal government of the day introduced a National Energy Program (NEP) to control the price of domestic oil. Viewing this as an intrusion into provincial affairs, one which affected its revenues and authority, the Alberta Government pursued a lengthy fight to repeal the NEP. Ten years later, it feared a national environmental program that would also intrude on its affairs or lead to measures such as carbon taxes, which would affect its oil-based economy. The fact that one of the architects of the National Energy Plan - Dr. Len Good - was now the new federal Deputy Minister of the Environment increased their apprehension.

Although the Green Plan was supposed to have been developed with full public participation, the Department of Finance saw it as a budgetary exercise requiring secrecy. This approach created conflict with environmentalists who advocated openness and with industry, which feared increased costs. Runnels (1993: 4) reports increasing anxiety among industry of what was to come. When a section of the Plan about a carbon tax was leaked to the powerful Business Council on National Issues, the energy sector intervened. A complaint to the Prime Minister's Office killed any further development of a carbon tax.

10.7 Current Status of National Environmental Planning in Canada

Since the general election of 1993, the Green Plan has been gradually abandoned by the Liberal government. The new Minister of Environment saw the plan in partisan terms, something that could have been avoided if both the ENGOs and the National Round Table on the Environment and the Economy had been given ownership of the agenda. Not having planned for the longer term, environmental groups have been fighting for survival since the beginning of the 1990s. A number have folded or reduced their activities to a shadow of the past. Since 1993, when it was important to push the new Minister to develop a better action plan rather than simply abandon it altogether, environmental groups have had no capacity for concerted action. Single issue campaigns again dominate their diminished activities. There is a sense that the environmental movement has come full circle in an issue-attention cycle that leaves the government controlling the environmental agenda with virtually no external criticism from either opposition parties or ENGOs.

The NRTEE is in no better shape with regard to resources or strategic thinking. Since its birth in 1989, it has become an increasingly partisan organisation, now headed by a former Liberal politician. Sustainable development has become a term in disrepute; advice is provided only when it is sought. The organisation is no longer the consultative "think-tank" it was envisioned to be.

10.8 Lessons Learned

Canada's experience with the Green Plan, that is, with national environmental planning, leads to at least four major lessons:

1) **An effective national environmental plan requires the support of the environmental policy community.**

Environment Canada neglected its own constituency in broad measure to secure a plan that it could implement within the federal bureaucracy. This was a risky strategy. When the political champions left, there was no support for the Green Plan either within government or externally. Because the plan was not integrated into the Cabinet system of government nor into the budgetary process, Environment Canada was not able to defend it against cutbacks or wilful neglect. When it was abandoned, there was no political, bureaucratic, or ENGO resistance. Arms-length government organisations such as the National Round Table on the Environment and the Economy or the International Institute for Sustainable Development were also conspicuous in their silence. To be effective, an environmental plan must have the support of the policy community it is intended to serve.

2) **A national environmental plan is different from a national sustainability plan.**

The Green Plan contained elements of both a national environmental plan and a national sustainability plan but it was neither fully one plan nor the other. It is important thus to distinguish environmental planning from sustainability planning. The context for planning will vary with the focus. An environmental focus, for example, may not bring into play the same level of scrutiny of economic development practices inherent in a sustainability focus. The extent to which environmental problems are considered to be a social construct of development is a critical distinguishing feature of the two approaches. For this reason, beginning with a federal strategy for the environment may have been an important precursor to developing a federal strategy for sustainability. Using the terms environment and sustainability interchangeably is counterproductive.

- **Motivations matter: public opinion is less important than political leadership and commitment.**

Public opinion on the environment was a critical factor in motivating federal government action on the Green Plan. In retrospect, it is hard not to see the plan as little more than a public relations exercise. The Conservative government increased its political capital by addressing public concerns about the environment when these concerns were at their peak. It managed to do this without alienating other key constituencies; first because it drafted a rather unchallenging plan, and second, because it never forged an alliance with the ENGO community. Experience shows, however, that public opinion cannot be relied on to support almost any initiative, let alone an environmental action plan. It is political leadership and commitment that is required to implement policy changes, especially when public sentiment changes as other issues gain more prominence.

- **A partisan agenda will kill a national environmental plan.**

The Green Plan was high on symbolic policy initiatives for the Conservative Party. They came up with the strategy and name for the plan. This meant that opposition parties had no vested ownership in the plan. Unlike the budget process wherein one can disagree over any particular budget measure, the new Liberal government disagreed with the idea of the plan itself. Rather than reformulate a plan in their own image as with a budget, they abandoned the plan altogether. Instead of focusing on how best to spend $3 billion allocated to Green Plan initiatives, they began the process of downsizing Environment Canada and moving away from a national and concerted approach to environmental planning. They viewed the Green Plan in partisan terms and sought ways to wind down the plan during the course of their mandate. The implication of this experience for national environmental planning is clear: steps must be taken to set up a planning process which all parties can respect irrespective of who is in power.

Annex

Section I: Clean Air, Water and Land ($850 million)

Health and Environment

> Goal: To ensure that citizens today and tomorrow have clean air, water and land essential to sustaining human health and the environment
>
> Number of Initiatives Associated with Program: 7

Continuing Action to Protect and Restore Our Water

> Goal: To protect and enhance water quality and promote the wise and efficient use of water
>
> Number of Initiatives Associated with Program: 11

Keeping Toxics Out of Our Environment

> Goal: Virtual elimination of the discharge of persistent toxic substances into the environment
>
> Number of Initiatives Associated with Program: 5

Reducing Smog

> Goal: Canada-wide reduction of the concentration of ground-level ozone (smog) to below the threshold of health effects in the most susceptible segments of the population
>
> Number of Initiatives Associated with Program: 9

Cutting Waste

> Goal: A 50% reduction in Canada's generation of waste by the year 2000

Number of Initiatives Associated with Program: 13

Section II: Sustaining our Renewable Resources ($350 million)

Sustainable Forestry Development

>Goal: Shift the management of Canada's forests from sustained yield to sustainable development

>Number of Initiatives Associated with Program: 8

Sustainable Agriculture

>Goal: Maintain and enhance the natural resources that the agri-food sector uses or affects, while ensuring environmental, economic and social integration

>Number of Initiatives Associated with Program: 5

Sustainable Fisheries

>Goal: The long-term sustainability of our fisheries resource

>Number of Initiatives Associated with Program: 9

Section III: Special Spaces and Species ($175 million)

Protecting Unique Ecological Areas

>Goal: To set aside as protected space 12% of Canada

>Number of Initiatives Associated with Program: 9

Sustaining Wildlife

>Goal: To maintain and enhance the health and diversity of our wild animals and plants

>Number of Initiatives Associated with Program: 9

Historical Heritage

>Goal: To commemorate and protect historical heritage important to all Canadians

>Number of Initiatives Associated with Program: 3

Section IV: The Arctic ($100 million)

Preserving the Integrity of Our Northland

>Goal: The long-term sustainability of our fisheries resource
>
>Number of Initiatives Associated with Program: 1

Section V: Global Environmental Security ($575 million)

Global Warming

>Goal: To stabilise national emissions of carbon dioxide and other greenhouse gases at 1990 levels by the year 2000
>
>Number of Initiatives Associated with Program: 24

Ozone Depletion

>Goal: Phase out use of CFCs by 1997 and methyl chloroform and other major ozone-depleting substances by the year 2000
>
>Number of Initiatives Associated with Program: 3

Acid Rain

>Goal: To cap acid rain-related emissions in Eastern Canada beyond 1994 by extended federal-provincial agreements and expand the control program to establish a national emission cap for the year 2000
>
>Number of Initiatives Associated with Program: 8

International Progress on the Environment

>Goal: To accelerate global co-operation, understanding and progress on environmental issues
>
>Number of Initiatives Associated with Program: 7

Section VI: Decision Making ($500 million)

Partnerships

>Goal: To strengthen existing environmental partnerships within Canada and build new ones
>
>Number of Initiatives Associated with Program: 12

Environmental Information

> Goal: To provide timely, accurate and accessible environmental information to enable Canadians to make environmentally sensitive decisions
>
> Number of Initiatives Associated with Program: 8

Environmental Citizenship

> Goal: To develop an environmentally literate society; equip citizens with the knowledge, skills and values necessary for action
>
> Number of Initiatives Associated with Program: 1

Supporting New Science

> Goal: To strengthen the nation's environmental science and technology with a special emphasis on understanding regional ecosystems
>
> Number of Initiatives Associated with Program: 7

Legislative, Regulatory and Market Tools for Change

> Goal: The balanced use of strong and effective environmental laws, with market-based approaches for environmental protection
>
> Number of Initiatives Associated with Program: 3

Section VII: Starting in our own House ($275 million)

> Goal: To ensure that all of the federal government's operations meet or exceed national targets and schedules
>
> Number of Initiatives Associated with Program: 5

Section VIII: Emergency Preparedness ($175 million)

Environmental Emergencies

> Goal: To respond quickly and effectively to threats posed by human-made pollution emergencies and naturally occurring environmental emergencies
>
> Number of Initiatives Associated with Program: 11

References

Bakvis, Herman and Neil Nevitte (1992): *The Greening of the Canadian Electorate: Environmentalism, Ideology, and Partisanship.* In: Robert Boardman (Ed.), Canadian Environmental Policy: Ecosystems, Politics, and Process, Oxford University Press, Toronto, Canada.

Brown, M. Paul (1992): *Organisational Design as Policy Instrument: Environment Canada in the Canadian Bureaucracy.* In: Robert Boardman (Ed.), C0anadian Environmental Policy: Ecosystems, Politics, and Process, Oxford University Press, Toronto, Canada.

Bouchard, Lucien (1989): *The Environment and Sustainable Development: Charting the Course for the Future.* Speech by the Minister of the Environment of 5 October to Edouard-Montpetit CEGEP, Longueuil, Quebec.

De Côtret, Robert (1990): *Canada's Green Plan - Speech.* Speaking notes for the Honourable Robert de Côtret, Minister of the Environment to the press conference at the launch of the Green Plan on December 11, 1990, Ottawa, Canada.

Docrn, G. Bruce and Thomas Conway (1994): *The Greening of Canada: Federal Institutions and Decisions.* University of Toronto Press, Toronto, Canada.

Environment Canada (1984a): *Sustainable Development: A Submission to the Role Commission of the Economic Union and Development Prospects for Canada.* Environment Canada, Ottawa, Canada.

Environment Canada (1984b): *Sustainable Development: A Submission to the World Commission on Environment and Development.* Environment Canada, Ottawa, Canada.

Environment Canada (1990a): *The Green Plan: A National Challenge - Consultation Worksheets for the Green Plan Consultation.* May 22, 1990

Environment Canada (1990b): *The Green Plan: A National Challenge - A Framework for Discussion on the Environment.* Minister of Supply and Services Canada, Ottawa, Canada.

Environment Canada (1992): *Working Together: Canada's Green Plan in Action.* Ministry of Supply and Services Canada, Ottawa, Canada.

Francis, George (1976): *Eco-development, National Development and International Cooperation Policies.* Supply and Services Canada, Ottawa, Canada.

Gale, Robert J. P. (1988): *Ec(onomic)ological Policy.* Policy Options, 9, no. 3, pp. 15-17.

Gale, Robert J. P. (1995a): *NAFTA and its Implications for Resource and Environmental Management.* In: Bruce Mitchell (Ed.), Resource and Environmental Management in Canada, Oxford University Press, Toronto, Canada.

Gale, Robert J. P. (1995b): *Green Budget Reform: An International Casebook on Leading Practices.* Earthscan, London.

Government of Canada (1990): *Canada's Green Plan for a Healthy Environment.* Minister of Supply and Services Canada, Ottawa, Canada.

Hazell, Stephen (1996): *Canada vs. the Environment: Federal Environmental Assessment Policy and Law 1984-1996.* Forthcoming, Canadian Environmental Defence Fund, Toronto.

Hoberg, George and Kathyrn Harrison (1994): *It's Not Easy Being Green: The Politics of Canada's Green Plan.* Canadian Public Policy, Vol. XX, 2, pp:119-137.

Howard, Russ (1989): *More priority for environment is promised by new minister.* Globe and Mail, February 1, Toronto, Canada.

Pollard, D.F.W. and M.R. McKechnie (1986): *World Conservation Strategy - Canada: A Report on Achievements in Conservation.* Environment Canada, Ottawa, Canada.

Science Council of Canada (1977): *Canada as a Conserver Society: Resource Uncertainties and the Need for New Technologies.* Report 27, Supply and Services Canada, Ottawa, Canada.

VanderZwaag, David and Linda Duncan (1992): *Canada and Environmental Protection: Confident Political Faces, Uncertain Legal Hands.* In: Robert Boardman (Ed.), Canadian Environmental Policy: Ecosystems, Politics, and Process, Oxford University Press, Toronto, Canada.

Wilson, Jeremy (1992): *Green Lobbies*. In: Robert Boardman (Ed.), Canadian Environmental Policy: Ecosystems, Politics, and Process, Oxford University Press, Toronto, Canada.

World Commission on Environment and Development (1987): *Our Common Future*. Oxford University Press, Oxford, U.K.

11 Österreich

Der Nationale Umweltplan (NUP) für Österreich

von Harald Payer[1]

11.1 Initiierungsphase und Entstehungsbedingungen

Den Ausgangspunkt für die Erstellung eines Nationalen Umweltplanes (NUP) für Österreich bildete ein seit 1990 durchgeführter hausinterner Reflexionsprozeß über die Planungserfordernisse sowie Umsetzungskapazitäten und -effizienzen des Umweltministeriums. Innerhalb der Abteilung „Umweltplanung" wurde eine Arbeitsgruppe gebildet, die sehr bald gemeinsam mit einer kleinen Gruppe engagierter Grazer Umweltwissenschaftler die Idee zur Erstellung eines nationalen Umweltplanes nach dem Vorbild des 1989 vorgelegten niederländischen National Environmental Policy Plan (NEPP) entwickelte. Die damalige Umweltministerin Feldgrill-Zankl wurde von den Überlegungen informiert und in mehreren informellen Vorgesprächen mit den politisch relevanten Gebietskörperschaften (Bundesministerien, Ämter der Landesregierungen) und Sozialpartnerorganisationen wurde die Idee eines nationalen Umweltplans für Österreich schrittweise konkretisiert und für eine offizielle Entscheidung vorbereitet.

---

[1] Die Informationsgrundlagen zu dem vorliegenden Beitrag umfaßten neben der zitierten Literatur und den zitierten unveröffentlichten Dokumenten auch mehrere Gespräche mit Experten, die in verschiedenen Funktionen in die Erstellung des NUP eingebunden waren. Der Autor dankt folgenden Personen für deren Unterstützung, ohne die eine einigermaßen klare Rekonstruktion des gesamten Prozeßverlaufs nicht möglich gewesen wäre: Dr. Wolfram Tertschnig, DI Andreas Tschulik, DI Annemarie Schwarz (Bundesministerium für Umwelt, Jugend und Familie - Abt. Umweltplanung), Dr. Peter Iwaniewicz, Mag. Johannes Tschapka (Bundesministerium für Umwelt, Jugend und Familie - JUP-Koordinationsbüro), Univ. Prof. Dr. Stephan Schleicher (Universität Graz, Institut für Volkswirtschaftslehre, Leiter des Arbeitskreises Energie), Dr. Markus Knoflacher (Österreichisches Forschungszentrum Seibersdorf), Martina Närr (Öko-Büro).

In dieser frühen Phase der ressortübergreifenden Verständigung auf Beamtenebene konnte ein Fundamentalkonsens zwischen den wichtigsten politischen Akteuren hergestellt werden, der im wesentlichen darin bestand, ein nationales Umweltprogramm nach dem niederländischen Vorbild zu erstellen. Ohne diesen frühen Fundamentalkonsens wäre die spätere Grundsatzentscheidung auf höchstoffizieller Ebene praktisch nicht möglich gewesen. Dies hat auch damit zu tun, daß die meisten Umweltangelegenheiten in der österreichischen Verfassung als Querschnittsmaterie geregelt werden und somit in die Kompetenzen verschiedener Gebietskörperschaften und Ministerien fällt. Hinzu kommt die realpolitisch mächtige Stellung der Sozialpartnerorganisationen, die in das gesamte Verfahren ebenfalls miteingebunden werden mußten.

Eine Einbindung der Umweltverbände in diesen Prozeß der Konsensfindung wurde von den damals beteiligten Vertretern unisono abgelehnt. Dies wurde vor allem mit dem Argument der mangelnden Dialogfähigkeit der Umweltverbände begründet. Der Hintergrund für diese ablehnende Haltung dürfte wohl darin bestanden haben, daß man keine Verzögerungen in der Initiierungsphase durch die bekannt kritische Haltung der Umweltverbände zu zahlreichen aktuellen Umweltfragen in Kauf nehmen wollte. Berücksichtigt man die in Österreich noch immer vorherrschende umweltpolitische Praxis, die Umweltverbände von der Gesetzesvorbereitung und vom Vollzug möglichst fernzuhalten,[2] so war der Ausschluß der Umweltverbände aus der Initiierungsphase nur wenig überraschend. Die verhinderte Einbindung der Umweltverbände in der Initiierungsphase, in der grundlegende inhaltliche und methodische Entscheidungen für die gesamte Planerstellung getroffen wurden, drängte diese jedoch für die Dauer des gesamten weiteren Prozesses in eine eher defensive Haltung der Kritik und Skepsis an der Sinnhaftigkeit des Unterfangens. Ebenfalls nicht eingebunden wurden Vertreter anderer Nicht-Regierungsorganisationen wie etwa der Kirche, Vertreter von Gemeindeinteressen oder der politischen Parteien.

Im Februar 1992 wurde eine Gruppe offizieller Vertreter des niederländischen Wirtschafts- und Umweltministeriums eingeladen, um im Rahmen einer öffentlichen Enquete des Umweltministeriums zum Thema „Strategische Perspektiven der österreichischen Umweltpolitik" den niederländischen Umweltplan einer breiteren Fachöffentlichkeit zu präsentieren. Als nächster Schritt wurde das Maßnahmenprogramm „Agenda 21" der UNCED 1992 in Rio de Janeiro zum offiziellen Anlaß genommen, eine Grundsatzentscheidung auf Regierungsebene zur Erstellung des nationalen Umweltplanes herbeizuführen. Die Agenda 21 hält in ihrer Präambel u.a. fest, daß die Umsetzung von Umweltmaßnahmen in erster Linie in die Verantwortung der nationalen Regierungen fällt. Demgemäß brachte das Umweltministerium im Juni 1992 im Ministerrat der österreichischen Bundesregierung einen Vorschlag zur Erstellung eines nationalen Umweltpro-

---

[2] Eine ausführliche Betrachtung über die Entscheidungsmuster der österreichischen Umweltpolitik findet sich bei Lauber (1992).

grammes ein. In ihrer Begründung hielt die damalige Umweltministerin u.a. fest: „Die Forderung nach weitestgehender Integration umweltpolitischer Ziele in allen Ebenen der Industriepolitik, der Verkehrs- und Energiepolitik, der Forschungs- und Technologiepolitik wie auch der Bildungspolitik ist nur im Rahmen einer akkordierten nationalen Strategie und auf Basis eines breiten gesellschaftlichen Konsens zu verwirklichen. Um die bestehenden Defizite der Effektivität der umweltrelevanten Politiken auszuräumen, ist es erforderlich, ein langfristig orientiertes strategisches Konzept zu entwickeln, dessen Zielsetzung es sein wird, die vielfältigen hinter einzelnen Zuständigkeiten bzw. Kompetenzen stehenden legitimen Interessen zur Realisierung der übergeordneten ökologischen Ziele optimal aufeinander abzustimmen" (BMUJF 1992, 2f). Und weiter: „Ich möchte ausdrücklich betonen, daß meine Initiative zur Erarbeitung eines Nationalen Umweltprogrammes keineswegs die Eigenverantwortlichkeit der einzelnen Minister in ihrem Kompetenzbereich oder aber die Zielsetzungen des Regierungsübereinkommens[3] unterläuft oder konterkariert; das Nationale Umweltprogramm wird vielmehr ein komplementäres Instrument darstellen, dessen besonderer Stellenwert in der konsensual ermittelten und vor allem sektorenübergreifend und kompetenzintegrierenden langfristigen politischen Strategie besteht. Durch die langfristige Ausrichtung des Nationalen Umweltprogramms, das Zeithorizonte von 10-20 Jahren für die Realisierung einzelner Ziele vorsieht, werden insbesondere den Normadressaten der umweltrelevanten Gesetzgebung klare Vorgaben für innerhalb dieser Zeithorizonte zu realisierende Maßnahmen gegeben." (BMUJF 1992, 4) Der Vorschlag wurde angenommen und die Bundesregierung beauftragte das Umweltministerium mit der Erstellung eines nationalen Umweltplanes.

Das Umweltministerium erteilte daraufhin dem Forschungszentrum Seibersdorf (Abteilung Umweltplanung)[4] den Auftrag zur Entwicklung eines Grobkonzepts für die Erstellung des NUP. Die Entwicklung des Grobkonzepts erfolgte weitgehend aufgrund der Überlegungen und Erfahrungen des Nationalen Umweltplanes für die Niederlande und des Programmes für Umweltpolitik der Europäischen Gemeinschaft (Fünftes Aktionsprogramm). Aus dem holländischen Umweltplan konnten vor allem methodische Hinweise abgeleitet werden, während für die inhaltliche Strukturierung das Fünfte Aktionsprogramm maßgeblich war und ergänzend auf die Agenda 21 der UNO und der in Österreich bereits existierenden umweltbezogenen Programme und Konzepte bei Bund, Ländern und Interessenvertretungen zurückgegriffen wurde.

---

[3] Gemeint ist das Regierungsübereinkommen 1992 der beiden Großparteien SPÖ und ÖVP zur Bildung einer großen Koalition.
[4] Das Österreichische Forschungszentrum Seibersdorf (ÖFZS) befindet sich je zur Hälfte im Eigentum der Republik Österreich und im Eigentum von rund 50 privaten und öffentlichen Industrieunternehmen. Die Finanzierung des Forschungszentrums erfolgt zu rd. 45 % durch eine staatliche Subvention und zu rd. 55 % durch F&E-Auftragsarbeiten vorwiegend für Industrieunternehmen und die öffentliche Hand (ÖFZS 1995).

Dazu wurden so weit wie möglich alle in Österreich bestehenden Grundlagen erhoben, die konzeptive und umsetzungsbezogene Vorgaben für zukünftige Maßnahmen zur Verbesserung und Sicherung der Umweltqualität enthalten. Gesetze und Verordnungen mit Umweltbezug, jedoch statischem Charakter, wurden nicht berücksichtigt. Als konzeptiv und umsetzungsbezogen galten alle jene Grundlagen, die eine inhaltliche Zielsetzung, eine zeitliche Zielsetzung, Maßnahmen und Zielgruppen enthielten. Da in der Praxis jedoch nur wenige Konzepte und Pläne alle vier Merkmale aufweisen, wurde auch auf solche Grundlagen zurückgegriffen, die nur einige der angeführten Merkmale aufwiesen. Die Erhebung beinhaltete keine Wertung der Regelungen, Konzepte und Pläne und erhob auch keinen Anspruch auf Vollständigkeit. Insgesamt wurden 134 Konzepte und Programme erfaßt (Darst.1). Davon entfielen 27 auf querschnittsorientierte Konzepte. 31 Konzepte bezogen sich auf den Bereich Abfall, 24 auf den Bereich Luft, 19 auf den Bereich Natur-, Landschafts- und Artenschutz, 15 auf den Bereich Raumordnung, 14 auf den Bereich Boden und lediglich 4 auf den Bereich Wasser / Abwasser. Diese Zusammenfassung der bestehenden Konzepte mit umweltpolitischen Zielsetzungen bildete jedenfalls eine wertvolle Informationsgrundlage für die spätere Arbeit an der inhaltlichen Gestaltung des österreichischen NUP.

In der institutionellen Gliederung der damals bestehenden Umweltkonzepte zeigte sich sehr deutlich der Mangel national integrativer und medienübergreifender Pläne. Fast zwei Drittel (81) der erfaßten Konzepte und Programme wurden auf Ebene der Bundesländer erstellt, lediglich ein Fünftel (25) waren Konzepte auf Bundesebene, bei 16 Konzepten handelte es sich um internationale Übereinkommen und 11 Konzepte wurden von verschiedenen Verbänden (Organisationen der Sozialpartner und Umweltorganisationen) entwickelt (Cabela et al. 1992a). Die Dominanz der Bundesländer bei der Entwicklung konzeptiver und umsetzungsorientierter Zielvorgaben ist wesentlich auf die Zersplitterung der verfassungsmäßigen Zuständigkeiten für Umweltbelange zurückzuführen. Besonders deutlich ist dies hinsichtlich der Bereiche Abfall, Boden, Raumordnung sowie Natur-, Landschafts- und Artenschutz zu erkennen. Doch sogar die Erstellung querschnittsorientierter Konzepte erfolgt häufiger auf Landesebene als auf nationaler Ebene.

Tabelle 1: Bestehende Konzepte mit umweltpolitischen Zielsetzungen, Stand Dezember 1992

	Quer-schnitts-orientierte Konzepte	Luft	Abfall	Wasser, Abwasser	Boden	Raum-ordnung	Natur-, Land-schafts- und Artenschutz
internationale Überein-kommen	-	6	4	1	4	-	1
Konzepte und Programme auf Bundes-ebene	6	10	4	2	2	1	-
Konzepte und Programme auf Landes-ebene	13	7	23	1	8	14	16
Konzepte und Programme von Verbän-den	8	1	-	-	-	-	2

Quelle: Eigene Darstellung nach Cabela et al. 1992.

Der Auftrag an das Forschungszentrum Seibersdorf zur Entwicklung der methodischen Vorgangsweise beinhaltete nicht die Behandlung der gesellschaftlichen Konsensfindung und der legistischen Verankerung des NUP. Praktisch keinen Einfluß hatte das Grobkonzept auf die Organisations- und Partizipationsstruktur des gesamten NUP-Verfahrens. Diese wurden bereits in den Vorgesprächen auf Beamtenebene festgelegt und in der dort vereinbarten Form bereits im Ministerratsvorschlag vom Juni 1992 präsentiert.

11.2 Organisations- und Partizipationsstrukturen der Planerstellung

Die Organisations- und Partizipationsstrukturen des NUP wurden in den genannten interministeriellen und informellen Absprachen auf Beamtenebene festgelegt. Für die gesamte Verfahrenssteuerung und Projektdurchführung wurde ein dreistufiges Modell gewählt, bestehend aus einem NUP-Komitee, einem NUP-Sekretariat und sieben Arbeitskreisen.

Abb. 1: Die Organisationsstruktur der Planerstellung

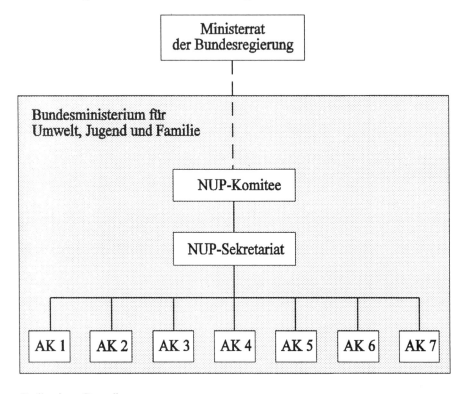

Quelle: eigene Darstellung

Das NUP-Komitee stellte die zentralen Entscheidungen für den Projektverlauf her und stellte auch nach außen hin das politisch relevante Entscheidungsgremium dar.[5] Zu seinen Aufgaben zählten:

- Einrichtung von bereichsspezifischen Arbeitskreisen, Bestellung von Arbeitskreisleitern und Verabschiedung der Arbeitsprogramme,
- Approbation der Zwischenberichte der Arbeitskreise,
- Approbation der Endberichte der Arbeitskreise und Verabschiedung der Endberichte in ihrer Gesamtheit als Nationaler Umweltplan.

Dem NUP-Komitee gehörten je ein Vertreter des Bundeskanzleramtes und aller Bundesministerien, je ein Vertreter der neun Bundesländer sowie je ein

---

[5] Das NUP-Komitee beschloß im Juni 1993 seine Geschäftsordnung, die mit Jänner 1994 in Kraft trat.

Vertreter der fünf großen Interessensvertretungen an.⁶ Den Vorsitz führte das Umweltministerium. Das Komitee hielt im September 1992 seine konstituierende Sitzung und wurde im Zeitraum bis Juli 1995 (ca. 3 Jahre) insgesamt siebenmal einberufen. Die ersten Sitzungen des Komitees standen noch stark im Zeichen von Unstimmigkeiten bezüglich formaler Verfahrensfragen und Fragen der verfassungsmäßigen Zuständigkeit.⁷ Umfangreiche Diskussion löste auch die Frage aus, ob eine Einteilung nach umweltmedienbezogenen Arbeitskreisen der Einteilung nach Verursachersektoren vorzuziehen sei. Erst im späteren Verlauf der Planerstellung konnte zunehmend auch auf inhaltliche Ergebnisse und Fragen der politischen Umsetzung eingegangen werden.

Auf der operativen Ebene wurden ein NUP-Sekretariat sowie mehrere Arbeitskreise eingerichtet. Das NUP-Sekretariat stellte das organisatorische Bindeglied zwischen NUP-Komitee und den Arbeitskreisen dar. Die Aufgaben des NUP-Sekretariats umfaßten die Koordination und Betreuung der laufenden Arbeiten, die Abstimmung zwischen den Teilbereichen sowie die Integration der Endberichte der Arbeitskreise zu einem nationalen Umweltplan. Es wurde dafür in die bestehende Organisationsstruktur (Linie) des Umweltministeriums eingegliedert und der Abteilung „Umweltplanung" zugeordnet. Das NUP-Sekretariat hatte somit keine Stabstellenfunktion inne.⁸

Die Konstituierung der Arbeitskreise erfolgte nach dem Vorschlag des Grobkonzeptes in einer verursacherbezogenen, sektoralen Gliederung. Die Arbeitskreise deckten alle großen Verursachergruppen ab. Es wurden insgesamt sieben Arbeitskreise zu folgenden Sektoren eingerichtet, wovon zwei Arbeitskreise sektorenübergreifend arbeiten sollten:⁹

- AK 1 - Industrie und Gewerbe,

- AK 2 - Energie,

---

⁶ Bundeskammer der gewerblichen Wirtschaft, Österreichischer Gewerkschaftsbund, Bundeskammer für Arbeiter und Angestellte, Präsidentenkonferenz der Landwirtschaftskammern Österreichs, Vereinigung Österreichischer Industrieller.

⁷ Häufigen Anlaß zur Auseinandersetzung bot beispielsweise die Frage, ob Angelegenheiten des Naturschutzes, die eigentlich in den Kompetenzbereich der Bundesländer fallen, überhaupt im NUP behandelt werden sollten.

⁸ Der im Grobkonzept des Forschungszentrum Seibersdorf angebotene Vorschlag zur Errichtung einer wissenschaftlichen Trägerorganisation für das NUP-Sekretariat wurde nicht aufgegriffen. Der Vorschlag des Grobkonzepts zur Einrichtung wissenschaftlicher Beiräte zur Unterstützung des NUP-Sekretariats wurde ebenfalls nicht realisiert.

⁹ Ein ursprünglich geplanter achter Arbeitskreis „strukturelle Maßnahmen" konnte nicht konstituiert werden. Der Arbeitskreis hätte die Bereiche Verwaltungsvollzug, Internationale Vereinbarungen, Forschung und Entwicklung, Erziehung und Ausbildung, umweltbezogene Information sowie ökonomische Maßnahmen abdecken sollen, die teilweise arbeitskreisübergreifenden Charakter hatten. Die damit angestrebte inhaltliche Vernetzung hätte auch zur Entlastung der komplexen organisatorischen Vernetzung der Arbeitskreise beitragen sollen (Cabela et al. 1992).

- AK 3 - Verkehr- und Transportwesen,
- AK 4 - Landwirtschaft, Wald und Wasser,
- AK 5 - Tourismus- und Freizeitwirtschaft,
- AK 6 - Ressourcenmanagement (sektorenübergreifend) und
- AK 7 - Verbraucher und Konsumenten (sektorenübergreifend).

Mit der Leitung der Arbeitskreise wurden ausschließlich Natur- und Wirtschaftswissenschaftler betraut. Die Leitungsfunktion umfaßte sowohl die Ebene der inhaltlichen Entwicklung wie die Ebene der Prozeßsteuerung. Diese Doppelrolle bedeutete für einige Arbeitskreisleiter jedoch eine starke Überforderung ihrer eigentlichen Kompetenzen. Eine prozeßbegleitende Moderation hätte hier vermutlich eine spürbare Entlastung bewirkt.

Die Teilnehmer an den Arbeitskreisen wurden jeweils durch die im NUP-Komitee vertretenen Gebietskörperschaften und Interessenverbände nominiert. Die Zusammensetzung der Arbeitskreise entsprach somit weitgehend der paritätischen Zusammensetzung des NUP-Komitees. Die Arbeitskreisleiter hatten die Möglichkeit, einzelne Teilnehmer nachzunominieren. Insgesamt waren mehr als 250 Beamte, Wissenschaftler und sonstige Experten (Stand bei Fertigstellung, exkl. Mehrfachnominierungen) in die Erstellung der einzelnen Teilberichte eingebunden. Es konnte ein großer Teil der umweltrelevanten scientific community sowie der einschlägigen Experten aus den verschiedenen Bundesministerien, Gebietskörperschaften, Interessensvertretungen und Umweltorganisationen in die Tätigkeiten der Arbeitskreise eingebunden werden. Die Beteiligung an der Planerstellung hing aber auch von der Bereitschaft bzw. von den Personalkapazitäten der jeweils relevanten Organisationen ab, Vertreter aus ihren Reihen in die Arbeitskreise zu entsenden. Maßgeblich war weiter die Bereitschaft der nominierten Teilnehmer, sich an der Planerstellung aktiv zu beteiligen. Das diesbezüglich sehr unterschiedlich verteilte Engagement war stark von der Fachkompetenz der einzelnen Teilnehmer bestimmt.

Die genauere Analyse der Teilnehmerstrukturen (Darst. 3) zeigt eine sehr deutliche Dominanz der Bundesverwaltung in praktisch allen Arbeitskreisen, wobei es sich hier hauptsächlich um Vertreter des Umweltressorts (inkl. Umweltbundesamt) selbst handelte, gefolgt von Vertretern des Wirtschafts-, Wissenschafts- und Landwirtschaftsressorts. Alle anderen Bundesministerien nahmen eine äußerst defensive Partizipationshaltung ein. Mit seiner hohen Anzahl von Vertretern - rund ein Sechstel bis ein Fünftel der Teilnehmer aller Arbeitskreise setzte sich aus Beamten des Umweltressorts zusammen - bewies das federführende Ministerium sein großes Interesse am Zustandekommen des Gesamtvorhaben. Daraus resultierte jedenfalls auch ein beträchtlicher Verhandlungsvorteil gegenüber den anderen Interessensgruppierungen.

Relativ gut vertreten war auch die Landesverwaltung. Von den großen Interessenverbänden waren die Wirtschaftsverbände am besten vertreten. Für die Arbeitskreise Energie und Verkehr konnten sogar Vertreter von öffentlichen Energieversorgungsunternehmen und Verkehrsbetrieben sowie von den großen Mineralölkonzernen gewonnen werden. Nicht vertreten waren dagegen so wichtige Produktionsbereiche wie die Chemie-, Maschinenbau- oder Lebensmittelindustrie, die Bauindustrie, die Transportunternehmen, der Handel oder die Gastronomie. Im Vergleich zu den Wirtschaftsverbänden waren die Umweltverbände mit deutlich weniger Teilnehmern vertreten, was zum Teil auch auf deren begrenzte Personalkapazitäten zurückzuführen ist. Eine auffällig geringe Teilnehmeranzahl wiesen die Arbeitnehmerverbände auf.

Tabelle 2: Die Partizipationsstrukturen der Planerstellung

	AK 1	AK 2	AK 3	AK 4	AK 5	AK 6	AK 7
Bundesverwaltung (inkl. Bundesanstalten)	23	20	18	13	15	20	12
Landesverwaltung	4	3	6	12	2	9	2
Wissenschaft und Forschung	11	6	9	9	3	8	6
Wirtschaftsverbände (inkl. Agrarverbände)	4	8	10	5	4	7	5
Arbeitnehmerverbände und Konsumentenverbände	1	1	1	-	-	1	2
Umweltverbände	2	4	5	1	-	2	3
Unternehmen	-	2	4	-	1	1	-
Engineering und Consulting	1	2	1	-	1	1	-
Banken	1	-	-	1	-	--	-
Summe Anzahl der Teilnehmer	47	46	54	41	26	49	30

Quelle: Eigene Darstellung

Die Ausstattung der Planerstellung mit Personal- und Finanzressourcen muß als äußerst bescheiden bezeichnet werden. Insbesondere die Vertreter des Finanzministeriums setzten sich vehement für eine möglichst kostensparende Planerstellung ein. Bereits in der konstituierenden Sitzung des NUP-Komitees wurde beschlossen, daß die Erarbeitung des NUP ohne zusätzliche Dienstposten zu erfolgen hat. Die Gesamtkoordination durch das NUP-Sekretariat mußte somit von insgesamt vier Mitarbeitern des Umweltministeriums bewältigt werden, die selbst nur zum Teil für die NUP-Koordination zur Verfügung standen. Für begleitende Studien zur Erarbeitung wissenschaftlicher Grundlagen des NUP konnten insgesamt lediglich 3 Mio. Schilling budgetiert werden. Der gesamte sonstige finanzielle Aufwand wurde aus dem Budget des Umweltminsteriums abgedeckt. Im wesentlichen handelte es sich dabei um die Finanzierung von Spesenabgeltungen und Infrastrukturkosten. Ohne die zum Teil großzügige Bereitstellung von Experten durch die in den Arbeitskreisen jeweils vertretenen Organisationen und der umfangreichen ehrenamtlichen Mitarbeit zahlreicher weiterer Arbeitskreisteilnehmer wäre das Zustandekommen des NUP wohl kaum möglich gewesen.

Die Arbeitsplanung und interne Organisation der Arbeitskreise wurde den Arbeitskreisleitern überlassen. Teilweise wurden in den Arbeitskreisen noch weitere Unterarbeitsgruppen gebildet. Über das Grobkonzept des Forschungszentrums Seibersdorf und den Ministerratsvorschlag hinausgehende inhaltliche Vorgaben standen nicht zur Verfügung. Hinsichtlich der Ablauforganisation der Planerstellung schlug man in Österreich somit einen weniger iterativen Weg ein als in den Niederlande. Dort wurden vom nationalen Gesundheits- und Umweltinstitut zunächst in einer Bestandsaufnahme die Umweltprobleme des Landes dokumentiert und bewertet und Vorschläge für Zielvorgaben erarbeitet. Erst im Anschluß an diese Vorarbeiten wurden von Seiten der Politik in einem partizipativen Diskussionsprozeß die Zielvorgaben politisch formuliert. In einer weiteren Stufe wurde schließlich versucht, die Zielvorgaben für die einzelnen Verursachergruppen (Industrie, Verkehr, Landwirtschaft etc.) zu operationalisieren und adäquate Maßnahmen zu initiieren. In Österreich wurden dagegen die Arbeitsschritte der Bestandsaufnahme und Bewertung von Umweltproblemen, der Entwicklung von Vorschlägen für Zielvorgaben, der Formulierung politikfähiger Zielvorgaben und der verursacherbezogenen Operationalisierung der Zielvorgaben weit weniger deutlich voneinander getrennt. Ohne ausreichende wissenschaftliche Grundlagen - der Auftrag für das Grobkonzept enthielt weder die systematische Bestandsaufnahme und Bewertung der Umweltprobleme noch die Entwicklung von Vorschlägen für Zielvorgaben - wurden die Arbeitskreise eingerichtet und in diesen sowohl die Analyse erarbeitet als auch die Zielvorgaben formuliert. Bei der Formulierung der Zielvorgaben wurde die Politik praktisch nicht eingebunden.

Für die Lösung inhaltlicher Konflikte standen praktisch keine eigens dafür entwickelten Konfliktregelungsmechanismen zur Verfügung. Es gelang meist, innerhalb der Arbeitskreise einen Kompromiß in strittigen Punkten herzustellen. War dies nicht möglich, so wurde versucht, einzelne Konflikte außerhalb der Arbeitskreise auf bilateralem Wege zwischen den betroffenen Arbeitskreisteilnehmern zu lösen. Die Arbeitskreisleiter übernahmen de facto die Hauptverantwortung der Konsensfindung.

Die Konsensfindung wurde vor allem in der frühen Phase der Planerstellung dadurch erschwert, daß den Arbeitskreisen praktisch kein gemeinsames Modell einer nachhaltigen Entwicklung zur Verfügung stand. Den einzelnen Arbeitskreisen lag ein zum Teil unterschiedliches und meist nicht sehr scharf konturiertes Verständnis nachhaltiger Entwicklung zugrunde. Verglichen mit der niederländischen Planerstellung bildete die Verständnisgrundlage in Österreich ein relativ „weiches" Konzept, das natürlich ein wesentlich größeres Potential an Meinungsverschiedenheiten in Grundsatzfragen und Mißverständnissen birgt. Den einzelnen Teilbereichen lag kein einheitlicher Zeitplan zugrunde und es gab auch keinen definierten zeitlichen Bezugspunkt, zu dem vorgeschlagene Ziele erreicht sein sollten. Es wurden keine „gerade noch nachhaltig" definierten und operationalisierten Obergrenzen der Belastung vorgegeben. Weitgehend klar war jedoch, daß es im Kern um die Reduktion von Mengen bzw. Wachstumsbegrenzung der im Zuge des Wirtschaftsprozesses der Natur entnommenen und an sie in umgewandelter Form wieder abgegebenen Ressourcen geht. Darüber hinaus geht es um die Substitution von besonders belastenden durch weniger belastende Stoffe oder Prozesse. Maßnahmen zur Emissionsreduktion oder zur Verbesserung von Entsorgungsmöglichkeiten wurden meist zwiespältig, wenn nicht überhaupt als kontraproduktiv, wahrgenommen (Fischer-Kowalski et al. 1995, 6f).

Ein weiteres Defizit der Planerstellung bestand schließlich im weitgehenden Fehlen eines Modells der systematischen und laufenden Integration der Arbeitskreise sowie im völligen Verzicht auf die organisatorische Verankerung einer inhaltlichen Gesamtkoordination. Aufgaben der inhaltlichen Gesamtkoordination wurden ohne klare Rollenverteilung und ohne klares Aufgabenprofil sowohl vom NUP-Sekretariat wie von den Arbeitskreisleitern wahrgenommen. Eine Abstimmung zwischen den Arbeitskreisen erfolgte im Rahmen interner Workshops zwischen den Arbeitskreisleitern und dem NUP-Sekretariat. Diese Workshops fanden ca. dreimal jährlich statt. Hauptsächlich ging es dabei darum, eine akkordierte Berichtsstruktur zu entwickeln. Es konnte letztendlich aber nicht einmal gesichert werden, daß sich alle Arbeitskreise an diese gemeinsame Vorgabe hielten. In der abschließenden Zusammenführung der Teilberichte der Arbeitskreise[10] zu einem Gesamtplan durch das NUP-Sekretariat fanden sich daher nur noch wenige Möglichkeiten der inhaltlichen und methodischen Integration. Die Heterogenität der in der Planerstellung zusammengeschlossenen Interessen konnte somit nur bedingt ausgeräumt werden, was sich insbesondere bei der Formulierung der politischen Ziele bemerkbar machte.

11.3 Exkurs: Der Jugendumweltplan

Ein österreichisches Spezifikum stellt die parallele Initiative eines Jugendumweltplanes (JUP) dar. Um auch die Jugend in die nationale Umweltplanung einzubeziehen, wurde als komplementäre Initiative zum NUP ein JUP gestartet. Der JUP wurde als Bindeglied zwischen nationalem Umweltplan und den an Umweltfragen interessierten Schülern, Lehrlingen und Studierenden zwischen 15

---

[10] Die Endberichte zu den einzelnen Arbeitskreisen wurden in der Schriftenreihe der Sektion I des BMUJF getrennt veröffentlicht (BMU 1995).

und 25 Jahren eingerichtet. Der JUP wurde als Beteiligungsmodell konzipiert, in dem versucht werden sollte, Jugendliche, die zum Teil noch nicht wahlberechtigt sind, in die Gestaltung des auf Regierungsebene angesiedelten nationalen Planungsvorhabens einzubinden. Das Vorhaben konnte vor allem dank des persönlichen Engagements der jeweils amtierenden Umweltminister gegen zum Teil beträchtliche ressortinterne Skepsis gegenüber einer inhaltlichen Auseinandersetzung mit Jugendlichen initiiert werden. Für die Koordination der Initiative wurde ein eigenes JUP-Büro in der für den NUP zuständigen Abteilung des Umweltministeriums eingerichtet.

Die JUP-Initiative sollte ein Forum eröffnen, auf dem Jugendliche ihre Ideen und Vorstellungen zu den Zielen zukünftiger Umweltpolitik als Wünsche und Forderungen an die Gestalter des NUP richten können. Tatsächlich wurde noch vor Ende der Planerstellung ein JUP-Kongreß einberufen, bei dem die mitwirkenden Jugendlichen die Gelegenheit hatten, gemeinsam mit den Arbeitskreisleitern und geladenen Politikern die Ergebnisse des NUP zu diskutieren. Die sehr konkreten Einwendungen und Forderungen der Jugendlichen konnten im NUP selbst allerdings nicht mehr berücksichtigt werden, wurden aber immerhin als Anhang zum NUP veröffentlicht (BMUJF 1994). Der erste JUP-Kongreß konnte jedenfalls bei vielen Experten eine äußerst positive Grundhaltung hinsichtlich der fachlichen Auseinandersetzung mit den Jugendlichen herstellen.

In der Folge wurden Lehrbehelfe zu den NUP-Teilbereichen Energie, Tourismus, Verkehr sowie Land-, Forst- und Wasserwirtschaft erstellt und ein zweijähriger Projektwettbewerb ausgeschrieben, bei dem die Jugendlichen im Rahmen von Modellprojekten (Errichtung von Müllskulpturen, Revitalisierung von Streuobstwiesen etc.) die rechtlichen und faktischen Möglichkeiten der Partizipation in Umweltangelegenheiten sowie praktischen Schwierigkeiten der Umsetzung selbst erfahren konnten. Die Projekte wurden in Schulen, Jugendorganisationen und Universitäten durchgeführt. Das Unterrichtsministerium unterstützte den Prozeß durch einen Freistellungserlaß für Schüler und Lehrer für die Projektdurchführung. Die Projekte wurden durch professionelle Berater und Supervisoren unterstützt.[11]

An der JUP-Initiative nahmen bisher insgesamt rund 800 Jugendliche, überwiegend Studenten, teil. Im Herbst 1996 fand eine Konsens-Konferenz mit ca. 100 Jugendlichen nach dem Vorbild der dänischen Konsensuskonferenzen statt. Ziel der Konferenz war die Diskussion über Chancen und Schwierigkeiten der Partizipation im Umweltbereich, der Erfahrungsaustausch zwischen Jugendlichen und politisch Verantwortlichen und die Entwicklung neuer Kommunikationsformen zwischen Jugendlichen und Politikern. Darüber hinaus ist derzeit geplant, den durch den JUP initiierten Dialog mit den Jugendlichen in der Implementierung und Fortschreibung des nationalen Umweltplanes weiterzuführen.

---

[11] Eine Dokumentation der durchgeführten Projekte ist derzeit in Vorbereitung (Säckl und Tschapka 1996).

Inwieweit eine echte Partizipation in der Umsetzung des NUP gelingen wird, ist derzeit allerdings offen.

11.4 Von der Planerstellung zur Umsetzung

Nach einem Erstellungszeitraum von beinahe 3 Jahren wurde der NUP im Mai 1995 dem Ministerrat der Bundesregierung vorgelegt. Im Oktober 1995 hat die Bundesregierung den NUP zur Kenntnis genommen und seine Umsetzung als ökologische Leitlinie sowie die Weiterleitung des Plans an den Nationalrat beschlossen. Durch die vorzeitige Beendigung der damaligen Legislaturperiode konnte die angestrebte parlamentarische Behandlung allerdings nicht mehr erfolgen. Der NUP hat gegenwärtig somit lediglich den Status eines politischen Bekenntnisses der Bundesregierung - vergleichbar etwa mit dem Energiekonzept im aktuellen Energiebericht der Bundesregierung (BMWA 1993). Die Integration der Zielsetzungen des NUP in alle sektoralen Politikbereiche ist auch im Arbeitsübereinkommen der nach der Nationalratswahl im Dezember 1995 neu gebildeten Bundesregierung enthalten. Dennoch stellt er in keiner Weise einen rechtsverbindlichen Beschluß zur Umsetzung der darin enthaltenen Ziele und Maßnahmen dar.

Der NUP hat gegenwärtig auch keinerlei Bindungswirkung für die öffentlichen Haushalte. Eine Einschätzung der finanziellen Folgen des Planes existiert nicht. Während der Planerstellung wurden aber im Rahmen einer begleitenden Studie die sozialen und wirtschaftlichen Auswirkungen nachhaltiger Entwicklung beurteilt. Die Untersuchung, die sich hauptsächlich auf eine Expertenbefragung stützt, enthält unter anderem eine Einschätzung und Lokalisierung der wichtigsten zu erwartenden Problemlastungen und Problemverschärfungen sowie eine Einschätzung der Wirksamkeit der verschiedenen Maßnahmentypen (Fischer-Kowalski et al. 1995). Die Studie konnte sich allerdings nicht auf den endgültigen Stand der Planerstellung beziehen. Die Ergebnisse der Studie sind in stark verkürzter Form im NUP enthalten.

Öffentliche Kritik am NUP entzündete sich nur seitens der Umweltverbände. Unverbindlichkeit, mangelnde Umsetzbarkeit und die Nicht-Einbindung in die Steuerungsgremien stellten hier die Hauptkritikpunkte dar: Es fehlen konkrete Zeithorizonte für die vorgeschlagenen Maßnahmen, sie sind in keine integrative Strategie eingebunden und reichen oft nicht aus, die formulierten Ziele zu erreichen. Besondere Kritik erfuhren die Ergebnisse des Verkehrsteils. Die diesbezüglich vorgeschlagenen Maßnahmen seien zu wenig offensiv und ungeeignet, das Verkehrsaufkommen spürbar zu verringern. Trotz der Kritik an einzelnen Teilbereichen wurde die Zielsetzung des Gesamtvorhabens aber positiv beurteilt. Als besonders positiv wurde der durch den NUP initiierte Diskussionsprozeß in der Fachöffentlichkeit bewertet.

In der allgemeinen Öffentlichkeit konnte der NUP bisher nur wenig Aufmerksamkeit auf sich lenken. Schon während der Planerstellung wurden wenig Ambitionen entwickelt, eine breitere Öffentlichkeit über die laufenden Arbeiten zu informieren. Die Medien wurden in die Planerstellung de facto nicht einbezogen, sondern lediglich über die Absicht und den Beginn der Planerstellung sowie die Fertigstellung informiert. Inzwischen wurde aber die große Bedeutung einer adäquaten Öffentlichkeitsarbeit erkannt und das Umweltministerium hat damit begonnen, verstärkt PR-Aktivitäten einzuleiten: Es wurde eine Werbeagentur mit der Entwicklung eines PR-Konzeptes beauftragt und der NUP wird nun auch im Internet als homepage präsentiert.

Die bisherige Leistung des NUP besteht vor allem darin, unter einer zunehmend großen Zahl von Experten ein neues Verständnis von Umweltproblemen zu verbreiten (Fischer-Kowalski 1995, Fischer-Kowalski et al. 1995): Auf der Ebene der Zielbestimmung etabliert sich eine reflexive, systemische und operative Sichtweise. Reflexiv heißt, daß der Fokus der Arbeiten auf der Regelung von Gesellschaft - und nicht auf der Regelung von Natur - liegt. Systemisch heißt, daß nicht mehr einzelne störende Elemente zur Korrektur anstehen, sondern ein Gesamtzusammenhang. Operativ heißt, daß die Einsicht in die Notwendigkeit gut begründeter, politikfähiger Zielvorgaben wächst. In bezug auf die analytische Dimensionierung von Umweltproblemen setzt sich eine ressourcenökonomische Sichtweise (mit den Kernkonzepten Energie- und Materialumsatz) gegenüber den früheren schadstoff- oder medienbezogenen Konzepten durch. Statt dem früheren Moralismus, der die Schuldfrage ins Zentrum der Auseinandersetzung rückte, wird nun interventionsorientiert danach gefragt: Wer kann was tun? Und schließlich zeigt sich hinsichtlich der vorgeschlagenen Maßnahmen eine wachsende Präferenz für marktorientierte und informationspolitische Maßnahmen gegenüber ordnungspolitischen Maßnahmen.

Eine wichtige Voraussetzung für die erfolgreiche Umsetzung des NUP besteht in seiner periodischen Aktualisierung. Im NUP selbst ist eine jährliche Aktualisierung vorgesehen. Seitens des Umweltministeriums ist inzwischen von einer Aktualisierung nach jeweils vier Jahren die Rede, wobei noch völlig offen ist, in welcher Form diese zu erfolgen hat. Weiter plant das Umweltministerium die Erstellung eines regelmäßigen Berichtes an die Bundesregierung über die Erfolge der Umsetzung.

Nach Fertigstellung des NUP begann das Umweltministerium sehr bald, die Vorbereitungen für seine Umsetzung aufzunehmen. Dazu wurde das Österreichische Institut für Nachhaltige Entwicklung beauftragt, eine Studie über die Grundlagen für eine integrative Umsetzung zu erstellen (Kanatschnig, Ömer 1996).[12] In dieser Studie wurden zunächst die insgesamt 472 Maßnahmen des NUP nach einheitlichen Kriterien (unmittelbare Handlungsrelevanz, Vorhandensein einer

---

[12] Als Projektleiter der Studie konnte der wissenschaftliche Gesamtkoordinator des Landesumweltprogramms für Oberösterreich gewonnen werden.

Zielperspektive, Eliminierung von Mehrfachnennungen) auf 357 Maßnahmen reduziert. Anhand eines eigens entwickelten Vernetzungsmodells konnten synergetische Effekte des Zusammenwirkens von Maßnahmen aus unterschiedlichen Bereichen aufgezeigt und 39 Maßnahmengruppen zu einem Steuerungsmodell zusammengefügt werden. Mittels Bewertung der Steuerungswirkungen wurden sieben prioritäre Maßnahmengruppen (Steuerungselemente) herausgefiltert. Schließlich konnten folgende wichtigste und umfassendste Einzelmaßnahmen aus diesen Gruppen genannt werden:

- Ökologische Steuerreform,

- Stärkung des regionalen Umweltbewußtseins,

- Umweltbildungsoffensive im primären, sekundären und tertiären Bereich,

- Durchführung eines NUP-Forschungsprogramms zur nachhaltigen Verkehrs- und Wirtschaftsentwicklung,

- energetische Sanierung von Gebäuden,

- Ausrichtung der Flächenwidmung auf zu Fuß erreichbare Versorgungs- und Infrastrukturen,

- Extensivierung der Landbewirtschaftung.

Die Studie enthält weiter einen Vorschlag zur Neustrukturierung der Arbeitskreise, den Vorschlag zur inhaltlichen Ergänzung des NUP um die Bereiche der Gesundheitsvorsorge und Entwicklungshilfepolitik sowie zur Errichtung eines professionellen NUP-Managements zumindest für die Dauer der Initiierung der Umsetzungsphase.

Im Juni 1996 brachte der Umweltminister im nun neu zusammengesetzten Ministerrat nochmals den Antrag ein, den NUP zur Kenntnis zur nehmen und ihn dem Nationalrat zur parlamentarischen Behandlung zu übermitteln. Es ist zu vermuten, daß der NUP im Umweltausschuß des Nationalrates eingebracht wird. Seitens des Umweltministeriums wird derzeit mit der Verabschiedung einer parlamentarischen Entschließung im Frühjahr 1997 gerechnet, mit der allerdings noch keine Verbindlichkeit in der Umsetzung verbunden wäre. Die angestrebte parlamentarische Entschließung soll Prioritäten für die Umsetzung setzen und die zuständigen Ressorts zur Umsetzung in den jeweiligen Wirkungsbereichen auffordern. Dies setzt allerdings einen erneuten Abstimmungsprozeß zwischen den verschiedenen Ministerien voraus, der zwar die potentielle Chance zur unbedingt erforderlichen weiteren Integration der Zielsetzungen des NUP eröffnet, dessen Ergebnis mit hoher Wahrscheinlichkeit aber in der Herstellung eines letztlich unverbindlichen Minimalkonsenses zwischen den Ministerien und Sozialpartnern liegen wird. Wünschenswert wäre daher die Konstituierung eines eigenen Unterausschusses zum Umweltausschuß unter Beteiligung von Vertretern der Umwelt- und Wirtschaftsverbände sowie der Entsendung unabhängiger

Experten durch die Parteien. Die primäre Zielsetzung des Unterausschusses müßte über die bloße Aufforderung zur Umsetzung hinausgehen und darin bestehen, die erforderlichen Gesetzesänderungen für die Umsetzung des NUP vorzubereiten.

Obwohl der NUP ausschließlich als Planungsinstrumentarium des Zentralstaates konzipiert wurde, erfüllt er dennoch eine nicht zu unterschätzende Funktion als Orientierungsrahmen für dezentrale Akteure wie Bundesländer, Gemeinden oder Wirtschaftsunternehmen. Zwar kann das Umweltministerium nach der gegebenen Rechtslage den dezentralen Akteuren lediglich empfehlen, regionale Umweltpläne auf der Basis des NUP zu erstellen, das Beispiel des Landesumweltprogrammes für Oberösterreich gibt aber Anlaß zur Hoffnung, daß die Umsetzung des NUP zumindestens auf der Ebene der Bundesländer breiteres Interesse finden wird.[13] Als bisher einziges Bundesland hat Oberösterreich diese Empfehlung aufgegriffen und noch vor Abschluß der Arbeiten am nationalen Umweltplan die Erstellung eines Landesumweltprogramms begonnen, das bereits ein Jahr später (1995) der Öffentlichkeit präsentiert werden konnte. Die Stärke des Landesumweltprogrammes für Oberösterreich (LUPO), in welchem eine enge Verbindung zwischen nachhaltiger Entwicklung, Erhalt von Biodiversität und Vielfalt der Kulturlandschaft hergestellt wird, liegt vor allem in der präzisen Spezifikation von erforderlichen Maßnahmen, bis in einzelne Gesetzesmaterien des Landes hinein (Fischer-Kowalski 1995). Im Vergleich zum NUP konnte das LUPO bisher auch deutlich mehr politische Akzeptanz erzeugen. Eine wesentliche Ursache dafür dürfte in der professionellen Öffentlichkeitsarbeit liegen, mit der einer breiteren Öffentlichkeit der potentielle Gewinn an Lebensqualität und Wettbewerbsfähigkeit durch eine nachhaltige Regionalentwicklung glaubhaft vermittelt werden konnte.

Das LUPO ist wie der NUP als Orientierungsrahmen für die Zeit bis zur Jahrtausendwende konzipiert und enthält kurz-, mittel- und langfristig ausgerichtete Maßnahmen. In vier Arbeitskreisen (Schutz der natürlichen Umwelt, Förderung eines umweltgerechten sozialen Wandels, Sicherung der menschlichen Gesundheit, Aufbau einer nachhaltigen Wirtschaft) wurden insgesamt 181 Maßnahmen zur Erreichung einer nachhaltigen Entwicklung in Oberösterreich entwickelt. Die Gesamtkoordination erfolgte durch das Institut für angewandte Umweltforschung der oberösterreichischen Umweltakademie beim Amt der oberösterreichischen Landesregierung. An der Planerstellung waren rund 80 Experten beteiligt. Der größte Teil der Experten stammte aus der Landesverwaltung und der Wissenschaft. Im Gegensatz zum NUP wurden aber auch Vertreter der politischen Parteien in die Planerstellung direkt eingebunden. Rund ein Fünftel der Teilnehmer waren Politiker. Beteiligt waren weiter Behördenvertreter einiger der größten

---

[13] Der deutsche Rat der Sachverständigen für Umweltfragen ordnet den Regionen und Kommunen eine wichtige Schrittmacherfunktion für die Verwirklichung einer nachhaltigen Entwicklung zu (SRU 1996, 15).

Städte Oberösterreichs, praktizierende Ärzte sowie sogar jeweils ein Vertreter der oberösterreichischen Gebietskrankenkasse und der Kirche. Auffällig war dagegen die geringe Beteiligung von Umweltverbänden, Wirtschaftsverbänden und Unternehmen. Von den Arbeitnehmerverbänden war kein einziger Vertreter beteiligt. Im Gegensatz zum NUP wurden die mitwirkenden Experten nicht über die Interessensvertretungen, sondern direkt durch den Gesamtkoordinator nominiert.

11.5 Resumé

Die wichtigsten Faktoren für das Zustandekommen des österreichischen NUP sind zunächst in der Impulswirkung des niederländischen Umweltplanes, im Engagement des Umweltministeriums, einen solchen Umweltplan auch für Österreich zu erstellen, sowie in der Agenda 21 der UNCED 1992 zu finden, zu deren nationaler Umsetzung sich die österreichische Bunderegierung verpflichtet hat. Eine weitere wichtige Voraussetzung war die rasche Herstellung eines Fundamentalkonsens zwischen den Bundesministerien und den Sozialpartnern. Ohne diese grundsätzliche Zustimmung der mächtigsten politischen Akteure wäre der Durchführungsauftrag der Bundesregierung wohl nur mit einer größeren Verzögerung oder möglicherweise überhaupt nicht zustande gekommen. In dieser Hinsicht kann die gewählte Vorgangsweise der „Architekten" des NUP als äußerst erfolgreich bezeichnet werden. In dem Versuch der ressortübergreifenden Vernetzung liegt wohl eine der größten Stärken des NUP. In dieser Hinsicht hat er zweifellos Vorbildwirkung für die gesamte öffentliche Verwaltung.

Allerdings verspielte man bei der gewählten Vorgangsweise die Chance der Einbindung weiterer relevanter gesellschaftlicher Akteure, wie etwa der Umweltverbände oder der politischen Parteien, in die Vorbereitung des Gesamtvorhabens. Die auf diese Weise präjudizierten Beteiligungsbedingungen wurden für die Dauer der gesamten Planerstellung weitgehend beibehalten. In den Erstellungsprozeß waren hauptsächlich die Bundesverwaltung - allen voran das Umweltressort -, Wissenschaftler und die Vertreter von Wirtschaftsinteressen eingebunden. Eine breitere Beteiligung des gesellschaftlichen Interessensspektrums wäre nicht nur aus demokratiepolitischen Überlegungen wünschenswert, sondern ist auch als wichtige Voraussetzung für die erfolgreiche Umsetzung anzusehen. Insbesondere ist eine möglichst frühe und intensive Beteiligung von Vertretern der Länder und Kommunen aufgrund ihrer maßgeblichen Rolle bei der Umsetzung anzustreben.

Was die Organisation des Prozesses betrifft, so können aus dem österreichischen Beispiel m.E. vor allem folgende Schlußfolgerungen gezogen werden: Unbedingt erforderlich erscheint die Entwicklung eines Modells der inhaltlichen und organisatorischen Vernetzung der relevanten Teilbereiche in einer möglichst frühen Phase der Planerstellung. Ein solches Vernetzungsmodell hätte zu gewährleisten, daß die einzelnen Bereiche von einem möglichst konkreten gemeinsamen Leitbild ausgehen, daß die entwickelten Zielvorgaben und Maßnahmenvorschläge aufeinander abgestimmt werden und daß schließlich Prioritäten für die Umsetzung abgeleitet werden können. Für die Entwicklung des Vernetzungsmodells ist die Unterstützung durch eine professionelle Organisationsentwicklung zu empfehlen. Eine solche integrative Vorgangsweise setzt die Konstituierung einer inhaltlichen Gesamtkoordination voraus. Die Aufgabenprofile der inhaltlichen und organisatorischen Koordination sollten jeweils so präzise wie möglich beschrieben werden. Generell zu empfehlen ist eine hohe Konfliktfreudigkeit des gesamten Prozesses. Je früher gesellschaftliche Konflikte in der Planerstellung transparent werden, um so eher können konsensuale Lösungen für eine integrative Umsetzung entwickelt werden. Angesichts der Heterogenität der beteiligten bzw. betroffenen Interessen und der Komplexität der angestrebten Zielsetzung ist jedenfalls eine begleitende Unterstützung der Planerstellung durch professionelle Moderation und Supervision zu empfehlen.

Schließlich gilt es, das Interesse der allgemeinen Öffentlichkeit für das gesamte Vorhaben möglichst früh zu wecken. Die Entwicklung und Umsetzung nationaler Umweltpläne stellen höchst komplexe Unterfangen dar, die mit zum Teil hoher Unsicherheit hinsichtlich der zu erwartenden Begünstigungen bzw. Belastungen gesellschaftlicher Interessenlagen verbunden sind. Die dafür erforderliche gesellschaftliche Akzeptanz setzt eine professionelle und überzeugende Öffentlichkeitsarbeit voraus.

Literatur

Bundesministerium für Umwelt (BMU 1994): Nationaler Umweltplan. Wien.
Bundesministerium für Umwelt (BMU 1995): Nationaler Umweltplan - Endberichte zu den Arbeitskreisen I-VII, in: Schriftenreihe der Sektion I, Bd. 26-32. Wien.
Bundesministerium für Umwelt (BMU 1996): Nationaler Umweltplan für Österreich (NUP). Unveröffentlicher Vortrag an den Ministerrat. Zl. 11 4740/37-I/3/96.
Bundesministerium für Umwelt, Jugend und Familie (BMUJF 1992): Entwicklung eines langfristig orientierten Nationalen Umweltprogramms für Österreich: Projekt NUP, Phase I: Erstellung des Nationalen Umweltplans. Unveröffentlicher Vortrag an den Ministerrat. Zl. 11 4740/41-I/3/92.
Bundesministerium für Umwelt, Jugend und Familie - NUP Sekretariat (BMUJF 1993): Geschäftsordnung des Nationalen Komitees zur Erstellung des Nationalen Umweltplanes für Österreich in der Fassung vom 30.6.1993.
Bundesministerium für Umwelt, Jugend und Familie (BMUJF 1994): Eure Welt ist unsere Welt - JUP-Kongress vom 30.September bis 2.Oktober 1994 in Wien. Wien.
Bundesministerium für Umwelt, Jugend und Familie - NUP Sekretariat (BMUJF, o.J.): unveröffentliche Protokolle zu den Sitzungen des NUP-Komitees.
Bundesministerium für wirtschaftliche Angelegenheiten (BMWA 1993): Energiebericht 1993 der Österreichischen Bundesregierung. Zur Situation der österreichischen Energieversorgung und Energiekonzept 1993. Wien.
Cabela, E., Knoflacher, M.H., Winiwarter, W. (1992): Grobkonzept für die Erstellung des Nationalen Umweltplanes in Österreich. Teil I: Internationale Beispiele und Grobkonzept. Studie des Österreichischen Forschungszentrums Seibersdorf im Auftrag des Bundeministeriums für Umwelt, Jugend und Familie. Seibersdorf.

Cabela, E., Knoflacher, M.H., Loibl, W., Tuschl, P. (1992): Grobkonzept für die Erstellung des Nationalen Umweltplanes in Österreich. Teil II: Zusammenfassung bestehender Konzepte mit umweltpolitischen Zielsetzungen. Studie des Österreichischen Forschungszentrums Seibersdorf im Auftrag des Bundeministeriums für Umwelt, Jugend und Familie. Seibersdorf.

Fischer-Kowalski, M. (1995): Österreich - auf dem Weg zu einer nachhaltigen Entwicklung?, in: Altner, G., Mettler-Meibom, B., Simonis, U.E., von Weizsäcker, E.U. (Hg.): Jahrbuch Ökologie 1996. München, 63-70.

Fischer-Kowalski, M., Madlener, R., Payer, H., Pfeffer, T., Schandl, H. (1995): Soziale Anforderungen an eine nachhaltige Entwicklung. Gutachten zum Nationalen Umweltplan (NUP) im Auftrag des BMUJF. IFF-Schriftenreihe Soziale Ökologie, Band 42. Wien.

Kanatschnig, D., Ömer, B. (1996): Grundlagen einer integrativen Umsetzung des Nationalen Umweltplanes für Österreich. Studie des Österreichischen Instituts für Nachhaltige Entwicklung im Auftrag des Bundesministeriums für Umwelt, Jugend und Familie. Wien.

Lauber, V. (1992): Umweltpolitik, in: Dachs, H. et al. (Hg.): Handbuch des politischen Systems Österreichs. Wien, 558-567.

Oberösterreichische Umweltakademie (1993): Konzept für eine umweltgerechte und nachhaltige Entwicklung in Oberösterreich. Linz.

Oberösterreichische Umweltakademie beim Amt der oberösterreichischen Landesregierung (1995): Durch nachhaltige Entwicklung die Zukunft sichern - Landesumweltprogramm für Oberösterreich. Linz.

Öko-Büro - Koordinationsstelle der österreichischen Umweltorganisationen (Öko-Büro 1995): unveröff. Stellungnahme der Mitgliedsorganisationen des Öko-Büros anläßlich der Pressekonferenz zum NUP am 18.4.1995.

Österreichische Akademie der Wissenschaften - Kommission für Reinhaltung der Luft (ÖAW 1994): Umweltwissenschaftliche Grundlagen und Zielsetzungen im Rahmen des Nationalen Umweltplans für die Bereiche Klima, Luft, Lärm und Geruch. Studie im Auftrag des Bundesministeriums für Umwelt, Jugend und Familie. Wien.

Österreichisches Forschungszentrum Seibersdorf (ÖFZS 1995): Jahresbericht 1995. Wien.

Tálos, E., Leichsenring, K., Zeiner, E. (1993): Verbände und politischer Entscheidungsprozess - am Beispiel der Sozial- und Umweltpolitik, in: Tálos, E. (Hg.): Sozialpartnerschaft - Kontinuität und Wandel eines Modells. Wien.

Rat der Sachverständigen für Umweltfragen (RSU 1996): Umweltgutachten 1996. Für eine dauerhaft-umweltgerechte Entwicklung. Stuttgart.

Säckl und Tschapka (1996): Mitmischen - Umweltpolitik von unten. Wien 1996.

Schwarz, A. (1995): Der Nationale Umweltplan (NUP), in: Umwelt und Gemeinde 4/1995, 417-418.

12 Schweiz

Umweltplanung in der Schweiz: Zwei Seiten der Politikverflechtung

von Merete Rasmussen und Gerald Schneider

12.1 Einleitung und Überblick

Der Grundstein zur schweizerischen Umweltpolitik wurde am 6. Juni 1971 gelegt, als die Stimmbevölkerung mit einem Mehr von 93 Prozent einen Umweltartikel in der Bundesverfassung genehmigte. In diesem Artikel $24^{septies}$ heißt es unter anderem, der Bund bekämpfe "insbesondere die Luftverunreinigung und den Lärm". Gleichzeitig wurden den Kantonen im Sinne des sogenannten Vollzugsföderalismus weitreichende Kompetenzen übertragen. Die Rechtsetzung verzögerte sich jedoch beträchtlich. Erst 1985 trat das Umweltschutzgesetz in Kraft, das auf dem Verfassungsartikel basierte und das seinerseits Verordnungen und andere legislative Maßnahmen nach sich zog.

Obwohl auch andere Einteilungen denkbar wären, lassen sich vier Hauptfelder der behördlichen Aktivität unterscheiden: Luftreinhaltung, Lärmschutz, Energiepolitik und Gewässerschutz. Nur im ersten Feld liegen recht aktive und umfassende Planungsanstrengungen vor. Sie finden unter anderem Ausdruck in der Luftreinhalteverordnung, welche die Kantone in die Pflicht nahm und zur Ausarbeitung von Maßnahmenplänen zwang. Beim Lärmschutz bestehen gewisse planerischen Elemente etwa in der Einführung eines Katasters, mit dessen Hilfe Sanierungen durchgeführt werden. Im Energiesektor stellen die Energienutzungsverordnung und ein Aktionsprogramm derzeit die wichtigsten Planungsinstrumente dar, und im Gewässerschutz werden mit einer Mischung von finanziellen Anreizen, Mindestvorschriften für Restwassermengen und technischen Verboten langfristige Ziele verfolgt.

Diese Zusammenstellung zeigt bereits, daß kein umfassender Umweltplan vorliegt. Vielmehr sollen mit Sektoralplänen jene Schwierigkeiten umschifft werden, auf die eine mehr gesamtheitliche Politik in der stark fragmentierten Schweiz früher gestoßen ist. So wurde beispielsweise das Regierungsprogramm 1987 bis 1991 dem Leitmotiv des "Qualitativen Wachstums" unterstellt. Doch in der effektiven Planung spielte dann dieses übergreifende Zauberwort keine große Rolle (Schneider 1989, siehe auch Klöti und Schneider 1989). Kein Erfolg war auch den Gesamtkonzeptionen beschieden, mit denen im Anschluß an den Erdölschock die Planungen in der Verkehrs- und Energiepolitik gesamtheitlich organisiert wurden.

Der aus der Gesamtenergiekonzeption erwachsende Energieartikel scheiterte in einer Volksabstimmung, allerdings nur wegen einer fehlenden Mehrheit der Kantone (sog. Ständemehr), nicht jedoch der Bevölkerung. Obwohl die Gesamtverkehrskonzeption wiederum einige Maßnahmen initiierte, gilt auch sie als mehr oder weniger gescheitert. So ist nach Ruegg (1987:1) dieses Planungswerk zum Anlaß genommen worden, "verkehrspolitische Grundsatzentscheidungen zu verschieben statt zu treffen".

Kritisch beleuchtet wird in diesem Länderbericht vor allem, inwiefern die negativen Erfahrungen der siebziger und achtziger Jahre auch noch für die mehr sektoral orientierten Bestrebungen gelten, mit planerischen Mitteln die schweizerische Umweltpolitik zu gestalten. Dabei werden wir zunächst auf den zeitlichen Ablauf eingehen (Initial- und Planerstellungsphase), und anschließend den Vollzug in den Kantonen darstellen. Nachher beschäftigen wir uns mit den wichtigsten Konfliktpunkten, beurteilen die Wirksamkeit der ergriffenen Maßnahmen und diskutieren die Einflüsse aus der Europäischen Union auf die schweizerischen Planungsprozesse. Da sich unsere Studie aufgrund der Empfehlung unserer Interviewpartner vorwiegend auf die Luftreinhaltung konzentriert, werden wir vor den Schlußfolgerungen diesen Politikbereich noch mit den Maßnahmen in den Feldern der Energiepolitik, des Gewässerschutzes und der Lärmbekämpfung vergleichen. Im Anschluß dazu stellen wir die derzeitigen Bemühungen vor, im Gefolge des Rio-Gipfels wieder einen Schritt in Richtung gesamtheitlicher Planung zu unternehmen. So soll bis 1997 ein Aktionsplan für die nachhaltige Entwicklung ausgearbeitet werden. Da eine Evaluation dieser laufenden Maßnahmen verfrüht käme, werden wir sie vor einer Zusammenfassung unserer Hauptergebnisse im Schlußwort beschreibend analysieren. Im Anhang führen wir unsere Interviewpartner auf.

12.2 Planung am Beispiel der Luftreinhaltepolitik: Initial- und Planungsphase

Planung ist bekanntlich ein schillernder Begriff. In der internationalen Literatur ist eine Vielzahl von unterschiedlichsten Definitionen anzutreffen. Dabei hat sich gerade in der Planungskrise der siebziger und achtziger Jahre der Geltungsbereich des Begriffs deutlich ausgeweitet, so daß heute vor allem auch die Bürgerbeteiligung als wichtiges konstituierendes Element von planerischen Anstrengungen gilt. Generell ist aber weiterhin davon auszugehen, daß Planung alle jene Maßnahmen umfaßt, in denen mit mehr oder weniger offenen Zeithorizonten im Sinne von Politikankündigungen die Zukunft vorweggenommen wird (für eine

Diskussion der internationalen Fachliteratur von 1950 bis 1990 siehe Schneider 1991).

In der Schweiz hat es im Anschluß an die deutschen Planungsdebatten der siebziger Jahre eine intensive Diskussion darüber gegeben, ob sich in einem föderalistisch strukturierten und gesellschaftlich zunehmend fragmentierten Staat eine vorausschauende und die Zukunft vorstrukturierende Politik durchführen lasse. Bereits 1979 wurde festgehalten, daß die zunehmende Politikverflechtung „einen ausgesprochen hohen Konsensbedarf zur Folge" habe, welcher Planung stark erschwere. Als Ergebnis stelle sich deshalb oft eher ein „zwischen Sonderinteressen ausgehandelter Kompromiß als ein argumentativ erarbeiteter Konsens" ein (Linder, Hotz und Werder 1979:174). Ähnliche Befunde lassen sich für die Planungsforschung der achtziger Jahre anführen (z.B. Klöti 1986, Schneider 1989), in der besonders die Entwicklung der Regierungsprogramme vom Planungsinstrument hin zu einer Sammlung unverbindlicher Absichtserklärungen kritisiert wurde.

Vorausschauende Politik ist in der schweizerischen Umweltpolitik derzeit vor allem in der Luftreinhaltung anzutreffen. Alle unsere Gesprächspartner bezeichnen dabei das Waldsterben als den eigentlichen Auslöser für die Bemühungen der Behörden in diesem Bereich. Bevor die bundesstaatlichen Akteure mit der Luftreinhalteverordnung aber die planerischen Maßnahmen initiierten, gab es bereits kantonale Anstöße, etwa die Luftinitiativen in Genf und Zürich. Da in diesem Politikbereich die Europäische Union oder Nachbarstaaten keine markante Vorreiterolle spielten, betraten die Behörden weitgehend Neuland.

Dabei wurden verschiedene Aktionsformen gewählt. Besonders wichtig war die Luftreinhalteverordnung aus dem Jahre 1986, in der die eigentlichen planerischen Maßnahmen entworfen wurden. Eine provisorische Verordnung aus dem Jahre 1984 war vor allem als Sofortmaßnahme gedacht und enthielt mehr punktuelle Maßnahmen. Die LRV setzte Grenzwerte und Produktnormen fest und führte Maßnahmen zur Kontrolle und Sanierung von stationären Anlagen ein (Widmer 1991). Der Vollzug der LRV war den Kantonen überlassen, die in einem Zeitraum von fünf Jahren ihr eigenes Luftreinhalteprogramm erarbeiten mußten. Da die Zielwerte bald außer Reichweite gerieten und sich die Implementation auf kantonaler Ebene schwierig gestaltete, preschten die Bundesbehörden 1990 mit einem Revisionsentwurf vor. Die anvisierten Verschärfungen waren jedoch so umstritten, daß die neue Luftreinhalteverordnung (LRV 92) nur mit Verzögerung in Kraft treten konnte.

Obwohl auch andere Anstöße zu verzeichnen waren, ergibt sich so tendenziell, daß die verschiedenen LRVs administrativ initiiert wurden. Als die Wogen um das Waldsterben besonders hoch gingen, wurde aber auch noch das Parlament zum umweltpolitischen Akteur. In Sondersessionen der beiden Kammern der Bundesversammlung, des Nationalrates und des Ständerates, wurde 1985 der Bundesrat beauftragt, in einem Luftreinhaltekonzept seine Zielvorstellungen zur Reduktion der Verschmutzung zu umreißen. Das Luftreinhaltekonzept vom September 1986 steckte sich dabei sowohl ein Minimal- wie auch ein Maximalziel.

Als Minimalziel galt die Absicht, die Luftverschmutzung bis 1995 auf den Stand von 1960 zu verringern. Das Maximalziel hingegen war die Bestrebung, die Schadstoffbelastung noch schneller auf diesen Stand zurückzuführen.

Die Luftreinhalteverordnung war für die Kantone direkt verbindlich, weshalb sie nach Ansicht eines Experten zunächst auch wie eine "heiße Kartoffel" zwischen Bund und Kantonen hin und hergeschoben wurde. Die Kantone hatten fünf Jahre Zeit, um aufgrund der Luftreinhalteverordnung aktiv zu werden. Sie betrachteten die Erarbeitung von Maßnahmenplänen denn auch eher als Pflichtübung. Teilweise gerieten sie über die Planungsvorgaben der zentralstaatlichen Behörden auch unter Zugzwang, weil sie erst noch administrative Strukturen in Form von Umweltämtern aufbauen mußten. Die Kernstädte wiederum empfanden dieses Planungsinstrument zum Teil eher als Hindernis für die Verwirklichung ihrer eigenen Maßnahmen denn als Kampagne, die ihren eigenen Zielen förderlich war.

Als exemplarisch für die Umweltplanung auf kantonaler Stufe können die Bemühungen des Kantons Uri eingestuft werden, jenes Kantons also, der als eigentlicher Transitkanton an der Gotthardstrecke überdurchschnittlich unter dem Verkehr zu leiden hat (Kanton Uri 1990). Der Plan konkretisiert sich in 41 Maßnahmen. Vollzugskomplikationen ergeben sich dabei nicht zuletzt dadurch, weil von diesen Projekten zwei Drittel (27) in der Kompetenz des Bundes liegen. Sehr viel umfangreicher ist im Vergleich der Maßnahmenplan der Zürcher Kantonalregierung. Im Auftrag der Exekutive haben 25 Ingenieur- und Beratungsfirmen an der Ausarbeitung des Berichts mitgewirkt; insgesamt hat er 2.5 Millionen Franken gekostet (Baudirektion des Kantons Zürich 1990).

12.3 Akteure, Konfliktpunkte und Effektivitätsbeurteilung

In der schweizerischen Umweltpolitik kommt eine Vielzahl von Akteuren zum Zug, deren Interessen stark von ihrer eigenen Handlungsrationalität als Verband oder administrative Einheit geprägt sind. In der Verwaltung stellt das Bundesamt für Umwelt, Wald und Landschaft (BUWAL) den zentralen Akteur dar, der die wesentlichen Agenda-Setting-Funktionen übernehmen und dank Fachwissen und politischem Gestaltungswillen teilweise den Vollzug stark beeinflussen kann. Ebenfalls auf zentralstaatlicher Ebene werden die Interessenorganisationen aktiv, bei denen die Schweizerische Gesellschaft für Umweltschutz, die Schweizer Sektion des World Wildlife Funds und der Verkehrs-Club der Schweiz eine sektorübergreifende Politik verfolgen. Mehr nur in einzelnen Politikbereichen tätig ist hingegen beispielsweise die Schweizerische Vereinigung für Gewässerschutz und Lufthygiene, die in den Politikformulierungsprozeß auch ein gewichtiges *Know how* einbringen kann. Generell haben die Interessenorganisationen mittlerweile so viel Macht erhalten, daß sie die Behörden aus Angst vor möglichen Referenden in die Vorberatungen zu möglichen Erlassen einbinden. Damit hat sich die schweizerische Umweltpolitik auch in das System der Konkordanzdemokratie einbetten lassen, wobei der Einfluß der neokorporatistischen Strukturen vielleicht weniger stark ist als im Agrarbereich (Sciarini 1994).

Wichtig sind aber auch kantonale und lokale Akteure, die Schrittmacherfunktionen übernehmen können. In der Luftreinhaltepolitik haben besonders betroffene Kantone wie Uri oder einzelne Gemeinden wiederholt als Vorreiter gewirkt. Die föderale Ebene bietet aber auch bremsenden Kantonen die Chance, durch subtile Formen der Vollzugsverweigerung oder Vollzugsinterpretation die bundesstaatlichen Anstrengungen zu unterlaufen. In diesem Sinne existiert nicht nur im bundesdeutschen, sondern auch im schweizerischen Föderalismus eine eigentliche "Verflechtungsfalle" (Scharpf 1985). Zwar ermöglicht der Föderalismus eine bürgernahe Politik. Umgekehrt ermöglicht die damit einhergehende Politikverflechtung aber auch die Blockaden und Verwässerung der bundesstaatlichen Politik durch territorial definierte Akteure, denen weitreichende Vollzugskompetenzen zukommen. Angesichts des unübersehbaren Interessengeflechts ist es nicht verwunderlich, daß Verwaltungsstellen eine mögliche Verwässerung ihrer Ziele dadurch verhindern wollen, daß sie die Planung technokratisch und administrativ gestalten und deshalb weitgehend auf Diskussionen verzichten.

Generell ist festzustellen, daß die umweltpolitischen Anstrengungen in der Westschweiz weniger populär sind als in der Deutschschweiz (Buri und Schneider 1993). Das hat Auswirkungen auf den Vollzug der bundesstaatlichen Maßnahmen. Zu den Bremsern gehören teilweise auch Wirtschaftsverbände und Parteien. Als Abwehrreaktion gegen den wachsenden Einfluß der Grünen ist beispielsweise im rechten Lager die Autopartei entstanden, die sich heute Freiheitspartei nennt.

Typisch für eine solche Akteurskonstellation ist, daß die politischen Resultate auch in einem gewissen Ausmaß den Widerstand gegen umweltschützerische Bestrebungen widerspiegeln. Das gilt nur begrenzt für die Initiierung der Luftreinhalteverordnung, die in einer Phase mit einem eigentlichen "window of opportunity" entstand. Doch in der Umsetzung konnte dann der Widerstand um so stärker einsetzen. Gegen sie wurde die Opposition deshalb auch leichter, weil bald klar wurde, daß die Implementierung der kantonalen Luftreinhaltepläne einschneidende Maßnahmen zur Folge hätte, wenn die Bundesvorgaben tatsächlich eingehalten würden. Da die Pläne keine Kompensationszahlungen an die Verlierer einer Verschärfung der Umweltpolitik vorsahen, waren einige Pläne äußerst umstritten.

Als Beispiel kann die Umsetzung des Maßnahmenplanes zur Luftreinhaltung im Kanton Zürich dienen, in dessen Umsetzung die Gemeinden nach Kummer (1995/6) nur begrenzt einbezogen wurden. Besonders umstritten war während der Ausarbeitung des Maßnahmenplans eine Studie, welche die Stadt Zürich parallel dazu bei einem privaten Büro in Auftrag gegeben hatte. Der 1989 vorgestellte Bericht schlug eine Maßnahmenkombination aus Verkehrsbeschränkungen und technischem Umweltschutz vor, um die Schadstoff-Grenzwerte bis ins Jahr 1994 zu erreichen. Auf die Publikation dieser Studie reagierten die Automobilverbände und die rechtsgerichteten Parteien teilweise mit heftiger Polemik. Zu einem eigentlichen Expertisenkrieg kam es, als ein anderes, bedeutend konservativeres Ingenieurbüro ein Gegengutachten vorlegte, das von einer Stadtzürcher Unternehmervereinigung initiiert worden war. Darin wurde besonders die restriktive Verkehrspolitik der Stadtzürcher Regierung als kontraproduktiv bezeichnet.

Nach diesem Vorgeplänkel deutete die Kantonalzürcher Exekutive, der Regierungsrat, an, daß der Maßnahmenplan für mindestens 13 Ortszentren sowie diverse Hauptverkehrsachsen einschneidende Maßnahmen vorsehe. 1989 wurde damit begonnen, Entwürfe für einzelne Teilmaßnahmenpläne vorzustellen. Dies betraf besonders den Bereich der "Feuerungen", wo aufgrund der Zürcher Erfahrungen sogar die Aufforderung an den Bundesrat erging, die gesamtschweizerischen Maßnahmen zu verschärfen. Diese Art von Politik wurde gerade auch vom Verband der Kleinhandelsunternehmer in der Stadt Zürich und der Hauseigentümern unterstützt, weil so einschneidende Maßnahmen in der Verkehrspolitik unwahrscheinlicher wurden.

Am 12. Juli 1989 wurde dann schließlich der gesamte Maßnahmenplan veröffentlicht, zu einer Zeit also, als die Schweiz und vor allem die Zürcher Wirtschaft in Hochkonjunktur standen. Die vorgesehenen Maßnahmen waren weitgehend polizeirechtlich orientiert. Zu den Geboten und Verboten gesellten sich auch technische Maßnahmen zur Schadstoffreduktion. Um das Verhalten zu ändern, wurden in der Form von staatlichen Investitionen und Förderungsmaßnahmen vereinzelt Anreize geschaffen. Besonders umstritten waren die Vorschläge erwartungsgemäß in der Verkehrspolitik, wo eine an der Regierung beteiligte Partei, die Schweizerische Volkspartei, unter anderem zur Einschätzung kam, es herrsche eine "lebensfremde Expertokratie ohne Rücksichtnahme auf die Bedürfnisse der Arbeitswelt und der Mobilität" (Zitat bei Kummer 1995/6, S. 102).

Die Polarisierung der Einstellungen zeigte sich auch während der Konsultationsphase, der sogenannten Vernehmlassung. Die teilweise heftigen Reaktionen führten dazu, daß die kantonalzürcher Regierung 14 von 66 vorgeschlagenen Maßnahmen in der definitiven Fassung des Maßnahmenplans fallenließ. Von diesen und einigen anderen Überarbeitungen waren die Vorhaben in den Teilplänen "Personenverkehr" und "Geschwindigkeitsreduktion" besonders betroffen. Durch diese Art von institutionalisierten Verhandlungen zwischen den Interessenverbänden erreichten die Gegner eines forcierten Umweltschutzes substantielle Abstriche an den Planungszielen, etwa eine Verringerung des Reduktionspotentials für Stickoxide um 15 Prozent. Nach Kummer (1995/6, S. 107) haben sich besonders die Wirtschafts- und Gewerbeinteressen durchgesetzt.

Angesichts dieser Einzelentwicklung im föderalen Verhandlungssystem konnte es denn auch nicht überraschen, daß bei der Luftreinhaltung die Ziele gesamtschweizerisch nur teilweise erreicht wurden. Als Erfolg ist die Reduktion der SO_2-Immissionen zu bezeichnen; bei NO_2, VOC und Ozon verfehlte die Schweiz die Zielwerte jedoch klar. Aber auch wenn die Bilanz nicht notwendigerweise als negativ zu bezeichnen ist, bleibt ungeklärt, ob es letztlich die Maßnahmenpläne oder andere Faktoren waren, welche die relative Reduktion bewirkten. In einer detaillierten Analyse streichen Knoepfel, Imhof und Zimmermann (1994) heraus, daß die Effektivität der Maßnahmenpläne zur Luftreinhaltung in den von ihnen untersuchten neun Gemeinden relativ niedrig ist. In sechs von neun Gemeinden war der Stellenwert des Maßnahmenplanes für die Luftreinhaltepolitik einigermaßen gering, auch wenn gewisse Sensibilisierungen nicht von der Hand zu weisen sind. Überraschenderweise hätten die Maßnahmenpläne am meisten Wirkung in den periurbanen Umliegergemeinden entfaltet - und nicht etwa in den Kernstädten selbst. In gewissen Fällen seien durch die Maßnahmenpläne auch wichtige kommunale Initiativen in der Luftreinhaltung gebremst worden. Gleichzeitig wurden aber auch gewisse Regionalisierungstendenzen ausgelöst. Das läßt sich besonders für die außer Luzern relativ kleinen Kantone der Innerschweiz festhalten. Die Umweltminister der betroffenen Kantone haben 1995 einen Bericht zur Luftbelastung in der Innerschweiz vorgestellt (Innerschweizer Umweltschutzdirektoren 1995).

12.4 Vergleich der verschiedenen Umweltplanungen

Unsere Darstellung bezog sich bis jetzt praktisch ausschließlich auf die Luftreinhaltung. Dies ist darauf zurückzuführen, daß vor allem in diesem Regulierungsfeld bewußt mit planerischen Maßnahmen gearbeitet wurde. Daneben ist aber nicht zu vergessen, daß auch anderswo konzeptuell gearbeitet wird. Einige dieser Anstrengungen seien hier herausgegriffen, wobei die Energiepolitik hier auch als Teilbereich der Umweltpolitik verstanden wird.

In diesen Bereichen sind selbstverständlich ebenfalls planerische Mittel im Einsatz. Die folgende Übersicht stützt sich auf einen Artikel in der *Berner Zeitung* vom 4. Juni 1996 und faßt die Anstrengungen der Behörden auf diesem Gebiet zusammen. Der Vollständigkeit halber ist auch der Themenbereich Luftreinhaltung noch einmal aufgeführt. Beurteilungskriterien sind unter anderem die planerischen Maßnahmen und der planerische Stil.

Tabelle 1: Synopse der planerischen Aktivitäten in vier Feldern der Umweltpolitik

	Luft	Lärm	Gewässer	Energie
Gesetze	Umweltschutzgesetz	Umweltschutzgesetz	Gewässerschutzgesetz	Energienutzungsbeschluß
Verordnungen / Programme	Luftreinhalteverordnung; Luftreinhaltekonzept	Lärmschutzverordnung		Energienutzungsverordnung; Aktions-programm "Energie 2000"
Ziele	-Realisierung der Maßnahmenpläne -Zielwerte für Schadstoffe	-Datenerfassung -Zuordnung von Empfindlichkeitsstufen -Sanierungen	-Standards für Immissionen -Erfassung der Landwirtschaft	-Stabilisierung der Nachfrage nach Elektrizität und CO_2-Ausstoß -Ausbau bestimmter Energieträger
Planerische Maßnahmen	-Technische Vorschriften -Sanierungen -Maßnahmenpläne	-Planerische und technische Vorschriften -Lärmkataster	-Restwassermengen -Kompensation -"Landschaftsrappen" -Technische Vorschriften	-Zielwerte -Förderungs-mittel
Vollzugsebene	Kantone/ Gemeinden	Kantone/ Gemeinden	Kantone/ Gemeinden	Alle Ebenen des Bundesstaates
Planerischer Stil	-Administrativ -Juristisch/ technokratisch -Verhandlungen	-Administrativ -Juristisch/ technokratisch -Verhandlungen	-Administrativ -Juristisch/ technokratisch -Verhandlungen	-Administrativ -Ökonomische Mittel -Symbolik

Der Vergleich der verschiedenen Politikbereiche zeigt deutlich, daß einzig im Energiesektor eine Abkehr von den eher juristisch orientierten Planungsmitteln vollzogen wurde. Der Einsatz von Kompensationszahlungen und Transferleistungen hat in den anderen Politikbereichen keine große Rolle gespielt. Generell ist ein starker administrativer Zug in der Planung festzustellen, so daß letztlich juristische und eher technizistische Überlegungen die Programme prägen. Interessant ist, daß überall mit fixen zeitlichen Horizonten gearbeitet wird, womit eine Selbstverpflichtung stattfindet. Bei gewissen Planungen, etwa im Energiebereich, ist aber die Fixierung von Zeithorizonten mehr als symbolische Maßnahme zu werten, eine Tendenz, die in der staatlichen Planung oft anzutreffen ist (Schneider 1991). Anzunehmen ist, daß in allen Bereichen zwar planerische Ziele festgesetzt werden, diese aber im Rahmen der üblichen Konsultationsverfahren noch abgeschwächt werden.

12.5 Das Zurück zur gesamtheitlichen Planung im Gefolge des Rio-Gipfels

Trotz der teilweise ernüchternden Erfahrungen mit den Planungsanstrengungen der späten achtziger und frühen neunziger Jahre zeichnet sich nun eine dritte Welle in der schweizerischen Umweltplanung ab. Im Gefolge zur Umwelt- und Entwicklungskonferenz in Rio de Janeiro im Jahre 1992 setzte der Bundesrat im März 1993 einen Interdepartementalen Ausschuß Rio ein, in dem Beamte aus 17 Bundesämtern sowie Vertreter der Kantone, der Wirtschaft und Wissenschaft Einsitz nehmen konnten. Die Federführung liegt dabei in jährlichem Turnus bei drei Bundesämtern: der Direktion für Entwicklungszusammenarbeit, dem BUWAL und dem Bundesamt für Außenwirtschaft. Mit der Einsetzung des IDARio-Auschusses kam die Schweiz nicht zuletzt einer internationalen Verpflichtung nach, hatte sie sich doch zusammen mit 181 anderen Staaten auf dem Gipfeltreffen in Rio dazu verpflichtet, auf nationaler und internationaler Ebene die nachhaltige Entwicklung zu fördern.

Aufgrund dieser Arbeit entstanden bis jetzt zwei Amtsberichte. Während in einem ersten Dokument das Ziel der nachhaltigen Entwicklung in vieldimensionaler Weise operationalisiert und in die gesamte Bundespolitik eingebettet wird (IDARio 1995), bietet der zweite Bericht eine Bestandsaufnahme (IDARio 1996). Besonders das zweite Dokument lehnt sich im Aufbau an die Agenda 21 des Rio-Gipfels an. Planerische Ansätze werden im Nachgang zu Rio besonders mit der Publikation des "Landschaftskonzeptes Schweiz" verwirklicht, das als konkrete Umsetzung des Erdgipfels von 1992 gilt. Das Ziel dieser Sektoralplanung besteht dabei darin, die biologische und landschaftliche Vielfalt in der Schweiz zu erhalten und zu fördern. Die Planung verläuft dabei partizipatorisch, zumindest was den Einbezug der Gliedstaaten betrifft. So wirken 15 Kantone mit an der Ausarbeitung dieses Konzeptes, das gegen Ende 1996 in eine vertiefende Konsultationsphase ("Vernehmlassung") geschickt werden soll. Wie wenig weit die Kantone aber oft zur Umsetzung von planerischen Anliegen bereit sind, zeigt die Umsetzung der Alpenkonvention, einer zwischenstaatlichen Vereinbarung, die zur nachhaltigen Entwicklung des Alpenraums beitragen soll. Besonders das Protokoll "Bodenschutz" bereitet derzeit Schwierigkeiten in diesen komplexen Verhandlungen, die Akteure auf den verschiedensten Handlungsebenen miteinbeziehen.

Andere Maßnahmen zur Förderung der nachhaltigen Enwicklung sind eine Kampagne des BUWAL über globale Umweltprobleme, die unter dem Slogan "Mund auf statt Augen zu" steht. Das Ziel dieser Kampagne besteht unter anderem darin, die Bevölkerung und nicht zuletzt die jüngeren Generationen für die Interdependenz zwischen nationaler Wohlfahrt und der globalen Umweltpolitik zu sensibilisieren. Dazu gesellen sich populär aufgemachte Publikationen wie "Passport to the Future", in der die Umwelterziehung für eine nachhaltige Entwicklung in den Vordergrund gerückt wird. Auf der eher wissenschaftlichen

Seite war zudem ein Bericht "Globale Erwärmung und die Schweiz" zu verzeichnen, für den eine zusätzliche interdepartementale Arbeitsgruppe "Klimaveränderung" verantwortlich zeichnete.

Zu den konkreten Maßnahmen gehört unter anderem in der Landwirtschaftspolitik die Einführung von Direktzahlungen, die an eine umweltgerechte Produktion gebunden sind. Zu dieser Anreizpolitik gesellen sich Revisionen der einschlägigen Gesetze, so unter anderem des Umweltschutz- und des Energiegesetzes. Daneben verstärkte die Schweiz ihre internationalen Aktivitäten und unterzeichnete verschiedene Übereinkommen. Besonders wichtig scheint die Beteiligung am Programm "Umwelt für Europa", einer koordinierten Hilfsaktion zugunsten von Mittel- und Osteuropa. In der Selbstdarstellung der Verwaltung ist insgesamt von einer "Neuausrichtung" der schweizerischen Umweltpolitik die Rede (Pressekonferenz vom 1. April 1996), die besonders zu einer verstärkten Berücksichtigung von ökonomischen Instrumenten führen soll. Gerade auch die ökonomischen Sachzwänge haben zu dieser Umorientierung beigetragen.

Kernstück der schweizerischen Rio-Politik hätte ein Aktionsplan sein sollen, dessen Publikation nun nach etlichen Verzögerungen für das Frühjahr 1997 vorgesehen ist. Die Verschiebungen des Aktionsplans deuten wiederum darauf hin, wie schwer konzeptuelle Politik in der Schweiz hat. Nach Auskunft von Beteiligten erwies sich in dieser partizipatorischen Planung die Konsensfindung als überaus dornenreich. Angesichts dieser Probleme fragt es sich, ob der Rückgriff auf eine gesamtheitliche Umweltplanung angemessen war, wie er derzeit im Aktionsplan zu Rio seinen Ausdruck findet. Bei unseren Gesprächen in der Bundesverwaltung war entsprechend auch eine gewisse Planungsernüchterung festzustellen. Nicht zuletzt die Bevölkerung lasse sich zunehmend schwer für solche Unterfangen begeistern, hieß es unter anderem.

Die Langwierigkeit der Entscheidungsfindung ist ein typisches Problem für das politische System der Schweiz. Entsprechend sind auch zentrale umweltpolitische Vorhaben wie die CO_2-Abgabe so lange aufgeschoben, bis aufgrund eines allfälligen internationalen Druckes die Schweiz zum Nachziehen gezwungen ist. Falls im überaus konsensbedürftigen Umfeld der Verhandlungsdemokratie überhaupt eine Einigung zustande kommt, ist dabei nicht viel mehr als eine Politik auf dem kleinsten gemeinsamen Nenner möglich. Verwässerung der eigentlichen Absichten gehört somit fast zwangsläufig zum Planungsprozeß.

12.6 Zusammenfassung und Schlussfolgerungen

Unser Länderbericht hat gezeigt, wie bundesstaatliche Planung in einem föderalistisch strukturierten Land wie der Schweiz relativ schnell auf Widerstand stößt und sofort zu Verhandlungen zwischen den verschiedensten Akteuren Anlaß gibt. In diesem Sinne ist die Umweltplanung durch die föderalistischen Interaktionsstrukturen zwar relativ bürgernah orientiert, obgleich die unvermeidliche Politikverflechtung auch die Gefahr einer Selbstblockierung in sich birgt. Das ist keine neue Erfahrung; ähnliche Probleme sind auch in traditionelleren Politikfeldern anzutreffen, wie verschiedene andere Studien zur Genüge gezeigt haben (Scharpf 1985, Linder 1987, Klöti und Schneider 1989).

Die Verhandelbarkeit der planerischen Mittel ist teilweise auch eine Konsequenz davon, daß die "zweite" Generation und die derzeit aktuelle "dritte Generation" der Schweizer Umweltplanung weniger zentralistisch und ambitiös orientiert ist als die erste Generation. Als Reaktion auf das Scheitern der themenübergreifenden, gesamtheitlich orientierten Konzepte der siebziger Jahre sind die Behörden dazu übergegangen, in einzelnen Sektoren isoliert Planungsinstrumente einzusetzen. In dieser Studie haben wir vor allem untersucht, ob diese Form der Intervention von Erfolg gekrönt war. Unsere Resultate lassen sich in drei Ergebnissen zusammenfassen:

1) Die schweizerische Umweltplanung der achtziger und frühen neunziger Jahre ist stark administrativ orientiert. Das führt zu einer starken Gewichtung der technischen und der juristischen Elemente. Ein stärkerer Einsatz von ökonomisch orientierten Maßnahmen hat erst in der jüngsten Vergangenheit eingesetzt.

2) Die Wirksamkeit der planerischen Maßnahmen ist umstritten. Auch wenn gewisse Zielwerte erreicht wurden, sind weiterreichende Initiativen auf kommunaler Ebene teilweise behindert worden. Ein grundsätzliches Problem ist die Verhandelbarkeit der Umweltplanung, die zu einer Verwässerung der Ziele führt. Handkehrum beurteilen unsere Gesprächspartner auch die Aussichten des für 1997 anvisierten Aktionsplans zur Agenda 21 als skeptisch, da sich hier eventuell eine Rückkehr zu einer umfassenden Planungsperspektive abzeichnet, die sich in föderalistischen Systemen nur schwer verkaufen läßt.

3) Planungsanstöße kamen weitgehend von den Umweltverbänden und den bundesstaatlichen Behörden, so daß die Umweltpläne in der Schweiz bis jetzt einen technokratischen Charakter haben. Die Kantone und Experten aus Wissenschaft und Planungsunternehmen waren in allen Politikphasen beteiligt; exogene Ereignisse haben für die Entwicklung der Pläne eine Rolle gespielt, jedoch kaum die Politiken der Nachbarstaaten oder der Europäischen Union. Eine Verpflichtung für die Zukunft ist für das Nicht-EU-Mitglied Schweiz vor allem die Unterschrift unter die Agenda 21 und die Deklaration von Rio.

Die schweizerischen Erfahrungen mit den Planungsinstrumenten stimmen deshalb nicht überaus zuversichtlich. Das mag aber weniger ein Problem der Planung an sich sein. Viel mehr ist im konkordanzdemokratischen und föderalistischen Geflecht nicht viel anderes zu erwarten, als daß es zu Kompromißlösungen kommt, die dem Problemdruck nicht unbedingt völlig entsprechen und so zu steten Abstrichen an den planerischen Zielen führen.

Anhang

Liste der Interviewpartner

Bundesamt für Umwelt, Wald und Landschaft:
31. Mai 1996: Dr. Stefan Schwager, Mitarbeiter Internationale Abteilung

Umweltschutzamt Kanton Uri:
22. Mai 1996: Herr Achermann

IDHEAP:
23. Mai 1996: Rita Imhof, ehemalige Mitarbeiterin von Peter Knoepfel

Forschungsstelle Wissenschaft und Politik:
29. Mai 1996: Dr. Willi Zimmermann

Internationale Arbeitsorganisation, Genf:
23. Mai 1996: Mr. Larry Kohler, verantwortlich für Berichte zum Riogipfel

Literatur

Baudirektion des Kantons Zürich 1990: Luftprogramm für den Kanton Zürich.
Bundesamt für Umwelt, Wald und Landschaft (BUWAL) 1994: Stand der Realisierung des Luftreinhalte-Konzeptes (LRK).
Bundesamt für Umwelt, Wald und Landschaft (BUWAL) 1994: 2 Jahre nach Rio - Schritte zu einer nachhaltigen Schweiz. Tagung vom 23. Juni 1994 in Bern. Umweltmaterialien Nr. 27.
Bundesamt für Umwelt, Wald und Landschaft (BUWAL) 1995: Umweltforschungs-Katalog der Schweiz. 6. Auflage.
Buri, Christof und Gerald Schneider 1993: Gründe und Scheingründe für das Schweizer Abstimmmungsverhalten, in: Schweizerische Zeitschrift für Soziologie 19: 389-417.
Innerschweizer Umweltschutzdirektoren 1996: Luftbelastung in der Innerschweiz 1995. Altdorf: Gisler Druck.
Interdepartementaler Ausschuß Rio (IDARio) 1995: Elemente für ein Konzept der nachhaltigen Entwicklung. Diskussionsgrundlage für die Operationalisierung. Bern: Bundesamt für Umwelt, Wald und Landschaft.
Interdepartementaler Ausschuß Rio (IDARio) 1996: Nachhaltige Entwicklung in der Schweiz. Bern: Bundesamt für Umwelt, Wald und Landschaft.
Kanton Uri 1990: Lufthygienischer Maßnahmeplan. Altdorf.
Klöti, Ulrich 1986: Regierungsprogramm und Entscheidungsprozeß. Bern: Haupt.
Klöti, Ulrich; Gerald Schneider 1989: Die Informationsbeschaffung des Gesetzgebers. Grüsch: Rüegger.
Kummer, Lorenz 1996: Erfolgschancen der Umweltbewegung. Bern: Haupt (Zitiert wird die Dissertationsfassung des Buches, Universität Bern 1995.
Knoepfel, Peter, Rita Imhof und Willi Zimmermann 1994: Massnahmenpläne zur Luftreinhaltung: Wie sich Behörden beim Umweltschutz arrangieren. Bericht 57 des NFP "Stadt und Verkehr", Zürich.

Linder, Wolf 1987: Politische Entscheidung und Gesetzesvollzug in der Schweiz. Bern: Haupt.
Linder, Wolf, Beat Hotz und Hans Werder 1979: Planung in der schweizerischen Demokratie. Bern: Haupt.
Rüegg, Erwin 1987: Neokorporatismus in der Schweiz. Verkehrspolitik. Zürich: Kleine Studien zur Politischen Wissenschaft Nr. 247.
Scharpf, Fritz W. 1985: Die Politikverflechtungsfalle. Europäische Integration und deutscher Föderalismus im Vergleich. Politische Vierteljahresschrift 26: 323-356.
Schneider, Gerald 1989: Der Weg von wissenschaftlichen "Zauberworten". Schweizerisches Jahrbuch für Politische Wissenschaft 29: 165-179.
Schneider, Gerald 1991: Time, Planning, and Policy-Making: An Evaluation of a Complex Relationship. Bern: Lang.
Sciarini, Pascal 1994: La Suisse face à la Communauté Européenne et au GATT. Le cas test de la politique agricole. Genève: Georg.
Widmer, Thomas 1991: Evaluation von Maßnahmen zur Luftreinhaltepolitik in der Schweiz. Chur/Zürich: Rüegger.

Springer und Umwelt

Als internationaler wissenschaftlicher Verlag sind wir uns unserer besonderen Verpflichtung der Umwelt gegenüber bewußt und beziehen umweltorientierte Grundsätze in Unternehmensentscheidungen mit ein. Von unseren Geschäftspartnern (Druckereien, Papierfabriken, Verpackungsherstellern usw.) verlangen wir, daß sie sowohl beim Herstellungsprozess selbst als auch beim Einsatz der zur Verwendung kommenden Materialien ökologische Gesichtspunkte berücksichtigen.
Das für dieses Buch verwendete Papier ist aus chlorfrei bzw. chlorarm hergestelltem Zellstoff gefertigt und im pH-Wert neutral.